60分でわかる！ THE BEGINNER'S GUIDE TO
ARTIFICIAL INTELLIGENCE

AI

[改訂2版]

ビジネス最前線

AIビジネス研究会 著

福林一平 執筆協力

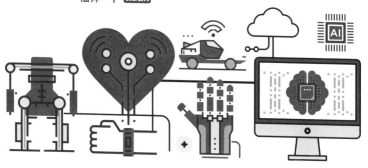

技術評論社

Contents

Chapter 1
今さら聞けない! AIの基本

001	そもそもAIって?	8
002	知識と知能の違いは?	10
003	さまざまあるAIの定義	12
004	AIと「ゲームAI」は違うの?	14
005	パーソナルアシスタントとは?	16
006	なぜ急にAIが進化したの?	18
007	人間の脳と同じAIは作れる?	20
008	AIは「意味」を理解できる?	22
009	AIに常識を教えるのは難しい?	24
010	AIは感情を持てる?	26
011	AIに感じる「不気味の谷」とは?	28
012	AIに生命はやどるの?	30
013	AIの死とは?	32
014	IBMが誇る多目的AI「Watson」	34
015	Googleが開発した世界1位の囲碁AI「AlphaGo」	36
016	世界へ打って出る国産AI	38
Column	量子コンピューターでAIがさらに進化する	40

Chapter 2
こんなところにも!? 多方面で活躍するAI

017　さまざまな場所で活用されるAI…………………………………42

018　スマートスピーカーで生活が豊かに ………………………44

019　ポケットの中で人に尽くすAI …………………………………46

020　「IoT」でパーソナルアシスタントや自動運転車が真価を発揮する……48

021　AIが書いた小説や脚本が採用される ……………………50

022　クラウドデータを勝手に学習していく検索エンジン ………52

023　写真の山から未知の概念を拾い出すAI …………………54

024　FinTechにより金融取引のほとんどはAI任せに…………56

025　医療の分野で活躍するAI ………………………………………58

026　AIが空軍パイロットを打ち負かす ………………………60

027　特許審査を行うAI ……………………………………………62

028　最新技術とAIが生み出す世界…………………………………64

Column　AIの力で新型コロナに対抗!………………………………66

029　AIを初めて定義した「チューリングテスト」 ……………………………68

030　AIの歴史は「ダートマス会議」から ………………………………………70

031　「モンテカルロ法」で特訓を重ねるAI ……………………………………72

032　職人技の評価関数でチェスのチャンピオンを破った「Deep Blue」……74

033　人間の脳神経回路を模倣する「ニューラルネットワーク」……76

034　生物進化を模倣して解を生み出す「遺伝的アルゴリズム」…78

035　膨大な知識から回答を導き出す「エキスパートシステム」……80

036　「人工無脳」から真の会話を可能にする「自然言語処理」へ……82

037　AIの知識と記憶を司る「ビッグデータ」……………………………………84

038　コンピューターに学習能力を与えた「機械学習」…………………86

039　「ディープラーニング」がAIを変えた! ………………………………88

040　今までの機械学習とディープラーニングは何が違うのか? ……90

041　ディープラーニングを可能にしたコンピューターの進歩 ………92

042　「弱いAI」と「強いAI」……………………………………………………94

043　「フレーム問題」〜考えすぎてしまうAI…………………………………96

044　「シンボルグラウンディング問題」〜 AIは記号と意味を結び付けられるのか……98

Column　3Dディープラーニング研究を加速させる「Kaolin」…………100

Chapter 4
チャンスを逃すな! AIビジネス活用の最前線

045 AIは第四次産業革命! 30兆円市場を生み出す? ……………102

046 AI開発に莫大な投資を行う世界的大企業……………………104

047 経済産業省が進める「デジタルトランスフォーメーション」とは?……106

048 AIで加速する働き方改革 ……………………………………108

049 最先端AIは誰でも無料で利用可能!…………………………110

050 個人や中小企業でもできる! AIの利用方法…………………112

051 「ラズベリーパイ」でIoT機器が自作できる …………………114

052 営業の相棒としてAIを活用する………………………………116

053 人事の業務や課題を「HR Tech」で解決……………………118

054 ビジネスタスクを自動化する「RPA」…………………………120

055 カスタマーサポートAIでクレーマーを撃退する………………122

056 デバイス側のAIが判断を行う「エッジAI」……………………124

057 畑の害獣をAIで認識して退治する …………………………126

058 社員の失敗や不正をAIで監視する…………………………128

Column これからの企業には「CDO」が必要 ……………………………130

Chapter 5
本当に大丈夫!? AIがもたらす衝撃の未来

059 AI普及後の社会はどう変わる?…………………………………132

060 いち早くAIに置き換わる仕事とは? …………………………134

061 AIに仕事を奪われたあと社会はどうなる? 136

062 これから必要になるのはAIの教育係 138

063 AIが人類を超える「シンギュラリティ」はいつ訪れる? 140

064 AIによって超監視社会が訪れる? 142

065 AIが反乱を起こす!? 144

066 人間とAIが共存するための原則とは 146

067 AIが普及すると需要が増える仕事 148

068 AIで独居老人や在宅介護をサポートする 150

069 コミュニケーションAIが社会を豊かにする 152

AI関連企業リスト 154

索引 158

■『ご注意』ご購入・ご利用の前に必ずお読みください

　本書に記載された内容は、情報の提供のみを目的としています。したがって、本書を参考にした
運用は、必ずご自身の責任と判断において行ってください。本書の情報に基づいた運用の結果、
想定した通りの成果が得られなかったり、損害が発生しても弊社および著者はいかなる責任も負い
ません。

　本書に記載されている情報は、特に断りがない限り、2020年9月時点での情報に基づいていま
す。ご利用時には変更されている場合がありますので、ご注意ください。

　本書は、著作権法上の保護を受けています。本書の一部あるいは全部について、いかなる方法
においても無断で複写、複製することは禁じられています。

　本文中に記載されている会社名、製品名などは、すべて関係各社の商標または登録商標、商
品名です。なお、本文中には™マーク、®マークは記載しておりません。

Chapter 1

今さら聞けない!
AIの基本

001

そもそもAIって?

自分で思考できるコンピューター

AIとは「Artificial Intelligence」の略語です。「Artificial」は「人工的」、「Intelligence」は「知能」を意味し、これを訳して日本語では「人工知能」と呼ばれています。**AIは、設計者が想定した範囲の判断と処理を繰り返すだけのコンピュータープログラムとは異なり、学習して、推測や判断の力を成長させることができます。**

手塚治虫の漫画「火の鳥」に出てくるロビタというロボットは、思考することで感情を得て、自分は人間だと主張するようになりました。国民的アニメの「ドラえもん」は、ロボットでありながら人間らしい表情、思考、感情、経験からの学習などの能力を持っています。もちろんこれらはSFの世界の話で、現実ではまだAIが人間と同じ知能を持つというところまでは実現できていません。

AIの歴史は、人間がするような判断をコンピューターに代理させようという挑戦の歴史です。AIといっても多くの種類があり、ロボットに知能のような振る舞いを与えるもののほか、人間とゲームで対戦するためのAIもありますし、チャットアプリなどを通じて生活を手助けするAIや、医師の診断を支援するAIもあります。

AIは専門的知識を人間より短時間で学習し、熟練の専門家と同じ判断を下したり、ときに人間の専門家が思い付かないような優れた判断を繰り出したりするようになってきました。通常のコンピュータープログラムは未知の概念を与えられても無視することしかできませんが、AIは与えられた情報の山から新しい概念を取り出すことができるようになりつつあります(Sec.23参照)。

AIは今後の社会で重要な存在になる

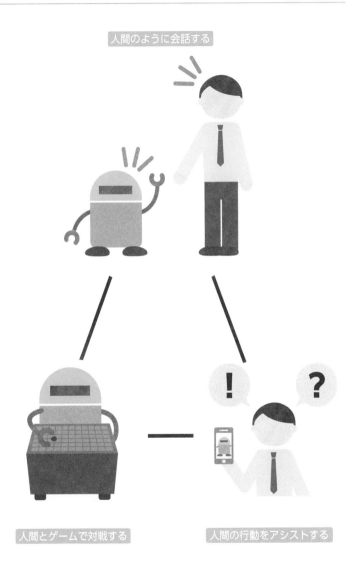

人間のように会話する

人間とゲームで対戦する

人間の行動をアシストする

▲ AIの大きな特徴は、学習することでどんどん成長していくという点にある。今後AIは社会において重要な役割を担うと考えられている。

002

知識と知能の違いは？

「知識」を使えるのが「知能」

　知識とは「物事を知ること、およびその内容」、知能は「知識や経験をもとに思考し判断を下す能力」です。これを IT 技術と人間とにあてはめると、人間という「知能」がネットワーク上やコンピューター内に蓄えられた「知識」を利用しているのだといえるでしょう。「知識」を使って複雑な計算を繰り返したり、大量のデータを扱ったりしたいとき、これを高速かつ自動的に行ってくれる便利な道具がコンピュータープログラムです。通常のプログラムは、人間の「知能」を補助する道具に過ぎません。プログラムを作るのも動かすのも人間という「知能」です。

　このように、これまでは人間だけが「知能」を使ってきました。しかし、自らを成長させ、高度な判断力を身に付けたプログラム＝AI が普及することで、便利な道具に過ぎなかったプログラムは、**人間の「知能」の領域を肩代わりできる**ようになってくるでしょう。

　家を建てるときのことを例に考えてみます。これまでは知能を持つ人間が家を設計し、チェーンソーなどの道具を使って木を切り、重機を使って土地をならし、建材を揃え、家を建てていました。では、AI を使うとどうなるでしょうか。人間は「こういう感じの家を作れ」と指示するだけで、あとは AI が適切な設計、必要な土地の準備をし、よい道具を選択して自ら木を切り、ちょうどよい建材を用意して家を建てることでしょう。AI は「知能」と「知識」を兼ね備えた存在であり、**人間を補助するだけの存在ではなく、人間の知能を拡張する存在であるといえる**のです。

AIは知能も知識も兼ね備えたプログラム

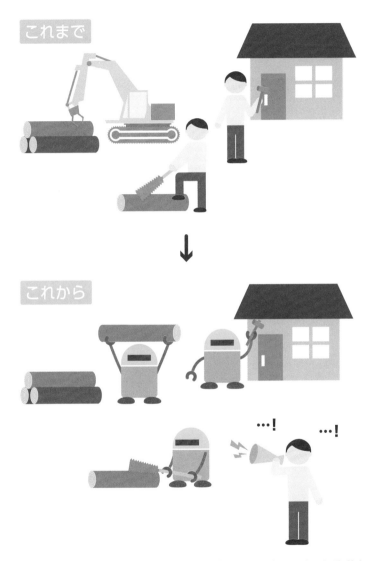

これまで

これから

…! …!

▲これまでは知能を持つ人間だけが、知識から家を建てることができた。これからは知能も知識も持つAIが、人間に代わって家を建ててくれるようになるかもしれない。

003

さまざまあるAIの定義

同じ「AI」といってもレベルはさまざま

ひと口に「AI」といっても、そこからイメージするものは人によって異なるようです。コンピューター将棋や囲碁の対戦相手をしてくれるゲームのAIを想像する方もいますし、iPhoneに搭載されている「Siri（シリ）」を想像する方もいるでしょう。または、「ドラえもん」のような人間らしいロボットを想像する方もいるでしょう。

では、なぜAIのイメージが人によって異なるのでしょうか。それは、最先端の技術を駆使したものも、従来技術を組み合わせただけのものも、現在の技術ではまだ実現できないようなものも、まとめて「AI」と呼び習わされているからです。AIの歴史は1950年代半ばから始まりますが、その頃からAIと称するものの製品化は行われています。その結果、さまざまなレベルのAIが生み出されてしまったのです。

たとえば、コンピューターゲームのキャラクターを動かすAIと、人間のプロ囲碁棋士を初めてハンディキャップなしの状態で打ち破った「AlphaGo」のAIは、同じ「AI」という言葉を使っていますが、その技術レベルは桁違いです。また、iPhoneに搭載されている「Siri」は、音声認識と文脈からユーザーの意思を推測するAIですが、ソフトバンクの開発した「Pepper」は、感情を認識する人間型ロボットであり、「AlphaGo」や「Siri」と違って、物理的な「身体」を持っています。

ひと口に**AIといえども、その背景にある技術はさまざまで、応用分野もさまざま、見た目もさまざまです。そのうえ、それをAIと呼ぶべき理由もまた製品によって異なっている状況**なのです。

「AI」と呼ばれるものは幅広い

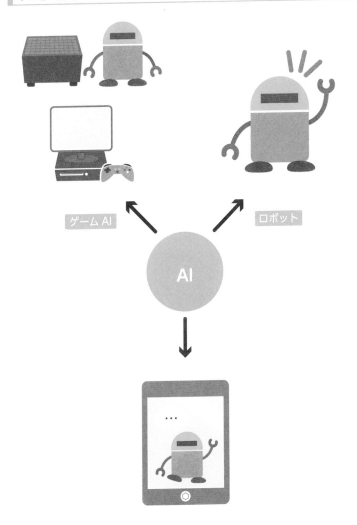

ゲーム AI

ロボット

AI

パーソナルアシスタント

▲ゲームのAIやスマートフォンのアプリに使われるAIなど、世の中には「AI」と呼ばれるものが多くあるが、それぞれの技術やレベルは異なっている。

004

AIと「ゲームAI」は違うの？

　コンピューターゲームでは、よく「AI」という言葉が使われており、プレイヤーと戦う敵になるプログラムや、味方キャラクターの思考ルーチン（自動制御プログラム）をAIと呼ぶことがあります。しかし、こうした「ゲームAI」は最近ブームになっている最先端の「AI」とはかなり中身が異なります。

　コンピューターゲームにおける「ゲームAI」は、ゲームという範囲に限ったプログラムやアルゴリズムを幅広く指して使われることが多く、現代的な意味では「AI＝人工知能」とは呼べないようなものも含まれます。ゲームAIは、プレイヤーから見ると知性があるかのように見えますが、実際はゲーム内での振る舞いを定めたプログラムに過ぎず、プログラムされた以外の行動をすることはありません。あくまでも人間が心地よくゲームをプレイするための振る舞いをしているだけなのです。一見思考の結果と思ってしまうような行動も、あらかじめ定められた手順に従ったものでしかなく、過去のプレイ履歴を分析して判断に活かすようなしくみ（機械学習、Sec.38参照）も備えていないし、行動の結果をフィードバックする（強化学習、Sec.15参照）といったこともしないものが大半です。

　現代的な意味での「AI」とは、**プログラムされた行動の枠組みを超えて、どんどん進化する可能性がある**ようなものを指します。「AI」という言葉には幅広い定義があるので、ゲームAIを「AIの一種」と述べても誤りとまではいえません。しかし、現代的な意味での「AI」にはあてはまらないものです。

ゲームAIはゲームの中の振る舞いに特化したAIプログラム

シューティングゲームの敵キャラ

ボードゲームの対戦相手

ロールプレイングゲームの仲間キャラ

▲ ゲームAIがあらかじめ組み込まれたゲームプログラムの枠内の行動しかできないのに対し、AIは学習することで最初のプログラムの枠を超え、多くの行動ができるようになる。

005

パーソナルアシスタントとは？

コンピューターの個人秘書

パーソナルアシスタントとは、人間に代わってさまざまな情報を管理・支援してくれる機能やサービスです。**ユーザーの音声や会話、入力された文章の意味を AI が認識し、適切な答えを返してくれます**。iPhone の「Siri」や、Android の「Google アシスタント」など、スマートフォン端末に搭載されているのが身近な例です。このようなパーソナルアシスタントが普及した一因としては、自然言語処理技術が大きく進歩して実用レベルに達してきたことが挙げられます（Sec.36 参照）。

音声を認識するこうしたサービスのほかに、SNS や企業サイト上で人間の入力した文章の意味を認識し、適切な答えを返す「チャットボット」と呼ばれるサービスも増えてきています。Microsoft が LINE で公開している「りんな」というチャットボットは、女子高生の思考を AI 化したことで話題になりました。求人マッチングサービス Wantedly は、Facebook Messenger で求人案内チャットボットを導入しており、たとえば「東京の IT 企業で在宅勤務したい」などと話しかけると、ふさわしい募集が提示されます。

また、スマートスピーカーの「Amazon Echo」や「Google Home」などに搭載された AI は、パーソナルアシスタントとして活用することができます（Sec.18 参照）。**すでに私たちの身の回りにはこれらたくさんのパーソナルアシスタントが存在**していて、ユーザーとの会話を通じて人間の求めるサービスや商品を的確に判断し、生活をアシストしてくれているのです。

2種類のパーソナルアシスタント

端末搭載型

● Apple「Siri」

● Google「Googleアシスタント」

チャットボット型

● Microsoft「りんな」

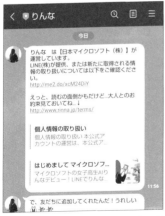

● WantedlyのFacebook Messengerボット

▲現在登場しているパーソナルアシスタントは、「Siri」や「Googleアシスタント」などの端末搭載型と、「りんな」のようなチャットボット型の、大まかに2種類に分けることができる。

006

なぜ急にAIが進化したの?

さまざまな要因が組み合わさって進化したAI

　AIという言葉は、1956年のダートマス会議(Sec.30参照)で初めて使われたといわれていますが、なぜAIは近年になりめざましく発達したのでしょうか?　その原動力は主に3つ挙げられます。

　1つ目は、**コンピューターの性能向上**です。とくに、多数のコンピューターを一体的に動かすことによって短時間で膨大な計算をこなす技術(コンピューター・クラスター)が、クラウドコンピューティングの普及によって身近になったことが大きく影響しています。利用できる「計算資源」が豊かになったおかげで、AIを作り出すために使える理論や技術の幅が拡大したのです。

　2つ目は、**機械学習という基盤技術の進歩**です(Sec.38参照)。コンピューターの性能向上のおかげで、2010年代に入って「ディープラーニング」という機械学習技術の研究が進み、これがAIの性能を大幅に引き上げました(Sec.39参照)。通常のコンピュータープログラムに「猫.JPG」という写真データを与えても、「『猫』という名前の付いたドットの集合体」としてしか処理してくれません。しかし、ディープラーニングによって大量の写真を学習済みのAIに新たな猫の写真を1枚与えれば、たとえ「猫」という名前を教えていなくても、「猫らしきものの写った写真」を集めてきてくれます。

　3つ目は、**AI研究ブーム**です。ディープラーニングが技術的に成功を収めたことで、本格的なAIの登場が現実味を帯びてきました。今や世界中の企業や研究機関が競って試行錯誤を重ね、AI研究史上かつてないスピードで、新しい成果を生み出し続けています。

AIが進化した3つの理由

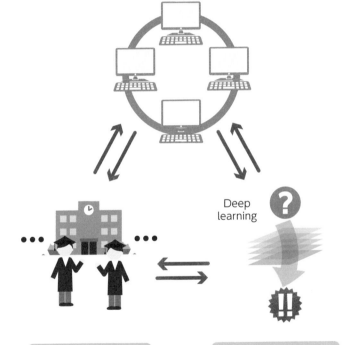

コンピューターの性能向上

短時間で膨大な計算をこなす
「コンピューター・クラスター」が身近になった

Deep
learning

AI研究ブーム

世界中の多くの企業・機関が
AIの研究を行っている

基盤技術の進歩

機械学習技術の
ディープラーニングの研究が進んだ

▲ 「コンピューターの性能向上」→「基盤技術の進歩」→「AI研究ブーム」の連鎖が原
動力となり、ここ数年でAIは飛躍的な進歩を遂げている。

007

人間の脳と同じAIは作れる?

AIで脳を実現する2つのアプローチ

　脳は、精密な電子機器のような構造をしています。1,000億個以上もの神経細胞(ニューロン)が結び付いた「神経回路」と呼ばれる構造の中を、電気信号が飛び交っているのです。この構造を数式化したモデルを「ニューラルネットワーク」といい(Sec.33参照)、これを実装すればAIを実現できるのではないかとの考えがあります。この考えに基づく研究は、AI黎明期から何度ものブームと冬の時代を繰り返してきましたが、**ニューラルネットワークを活用した新技術「ディープラーニング」の成功により一躍、AIの学習を支える本命技術と目されるようになりました**(Sec. 39参照)。

　AI研究の歴史は「人間の知的判断を自動化したい」という挑戦の歴史ですが、もう1つのストーリーとして「人間の脳と同等の装置を作りたい」という夢も根強く横たわっています。前者は、人間の振る舞いを真似る装置(プログラム)を作ってみながら試行錯誤する方法です。こうしたアプローチは「構成論的」と呼ばれます。後者は、脳の構造を調べ、それと同様の構造の装置を組み立てていく方法です。このアプローチは「分析論的」と呼ばれます。AIの発展を牽引してきたのは構成論的アプローチですが、ディープラーニングの成功により、ここに分析論的アプローチの成果が加わったのだと見ることもできます。ただ、ニューラルネットワークも提唱から半世紀以上が経ち、生物学や脳科学の最新知見とかなり食い違ってきています。分析論的な知見がこれからさらに加わっていけば、AIの性能が上がっていくことになるかもしれません。

構成論的アプローチと分析論的アプローチ

構成論的アプローチ　　　　　**分析論的アプローチ**

▲ 構成論的アプローチは、人間のような振る舞いを真似るところから出発する。一方、分析論的アプローチは、脳の構造を真似るところから出発する。AI研究者と脳科学者は異なるアプローチで、人間の脳とAIを近付けようとしているのだ。

脳の構造をAIに応用

ニューラルネットワーク　　　　　　脳神経細胞組織

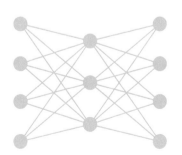
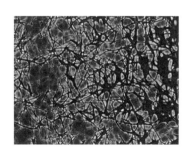

▲ 「ニューラルネットワーク（Neural network）」は、脳の神経細胞構造をモデルにしているAI技術。

008

AIは「意味」を理解できる?

人間のように「空気を読む」AIはまだない

　自動翻訳やパーソナルアシスタントのように、人間の言葉を認識し、別の言語への翻訳や、役に立つ反応を返してくれる AI が身近になってきました。では、これらの AI は、言葉の「意味」を「理解」しているのでしょうか。答えは、現時点では「No」です。あくまでも人間が与えた狭い枠組みの中で、役立つ反応を選択し実行してくれる装置に過ぎません。では、「理解」とは何でしょうか。

　たとえば京都のお店で「ぶぶ漬けでもどないですか?」と聞かれたら、常識的には、「そろそろお帰りください」という意味になります。しかし AI は、誰かがとくにその知識を教えない限り、真の意味を見抜けません。**言葉や行動の持つ文脈、文化的背景、社会常識などを十分に学習させる技術が確立しない限り、皮肉・反語・隠喩などの修辞や、照れ・忍耐などが言葉の裏に隠されているような表現をうまく扱うことはできません。**残念ながら、現在実用されている AI はいわば「世間知らず」なのです。

　AI に「常識」を身に付けさせるための研究は困難な道ですが、挑戦は続いています。機械学習の技術が進み、文字列や画像から概念をうまく取り出せるようになりました。また、AI の学習に欠かせないビッグデータも手に入りやすくなっています。人間に置き換えると、さしずめ「字が読めて、図書館に出入りできるようになった」といったところでしょうか。AI が「意味」を「理解」するための土台は整ってきています。

AIが行動や言葉の本当の意味を理解するのは難しい

人間の場合

そろそろお帰り
いただこう…

そろそろ帰って
ほしいってことか

ぶぶ漬けでも
どないですか？

AIの場合

そろそろお帰り
いただこう…

ぶぶ漬けでも
どないですか？

オイシイデスネ！イタダキマス！

……

？？？

▲同じ言葉でもシチュエーションや文脈によって意味は変わってくるが、現在のAIでその意味を理解するのは困難。

009

AIに常識を教えるのは難しい？

AIに今すぐ社会経験を積ませる方法はない

　常識とは、「一般人が共通に持っている、または持つべき、普通の知識」です。人間は、社会経験を通じてさまざまな常識を獲得しますが、AIにとってはまだ難しそうです。たとえば「お辞儀をされたら必ずお辞儀をし返す」ということが、状況によって常に正しいとは限りませんが、AIにはその判断ができないでしょう。作られたばかりのAIには社会経験などないからです。ではAIに社会経験を積ませる代わりに、お辞儀をされたときの判断基準として、「デパートに訪れた際に店員さんにお辞儀された場合」や「散歩をしていて近所の人とすれ違った際にお辞儀された場合」など、お辞儀に関するルールを1つ1つAIにプログラムとして与えれば、このAIは常識を獲得したことになるのでしょうか。あるいは、お辞儀に関する知識を大量に用意し、「お辞儀を返すかどうかは相手の行動だけでなく、状況を総合的に判断しなければならない」という深い知識を得るまで重点的に学習させてやればよいのでしょうか。

　いずれの場合も、少なくともお辞儀に関しては、いかにも常識的な振る舞いをするAIになります。しかしそれは、「お辞儀のことにくわしい機械」を人間が作ったというだけで、**「自発的に常識を備えることのできるAI」とは違う**と思われます。

　AIに短時間で大量の社会経験を積ませるための工夫が、今後凝らされていくことになるでしょう。このときカギになるのは、インターネットから自動的に知識を獲得する技術と、ビッグデータの活用です（Sec.37参照）。

お辞儀を返す人間とAIとの違い

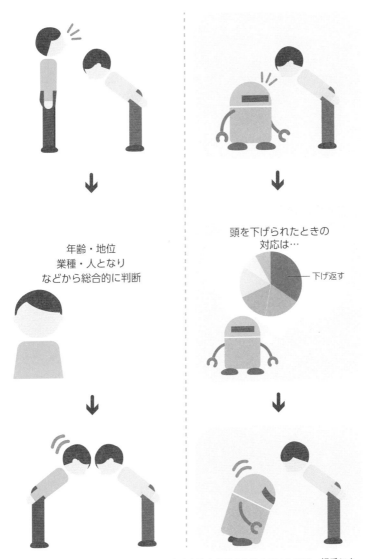

年齢・地位
業種・人となり
などから総合的に判断

頭を下げられたときの
対応は…

下げ返す

▲ 人間は「お辞儀」に込められる特別な意味を社会経験から学んでいるので、相手によって自然に対応を変える。現在のAIはまだ、このような背景知識に根差した判断は苦手だろう。

010

AIは感情を持てる?

SFでは、AIロボットが人間に恋をしたり、コンピューターが怒りによって人類を滅ぼそうとしたりする話がよく見られます。はたして、AIはそのような感情を持てるのでしょうか。

人間が感情を生み出すメカニズムを真似たプログラムを作り、AIに組み込むことは、残念ながら難しそうです。なぜなら、感情を司る脳の動きは現在でも解明されつくしていないからです。ただし、**「感情を持っているかのような、自然な振る舞い」をAIにさせることはできます**。

AIは学習し、自身の行動を変容させていくことができるため、人間の感情表現を学ばせるようにすれば、やがて「落ち込んでいる人を見たら優しい声と表情で慰めの言葉をかける」というような「自然な振る舞い」ができるようになるはずです。しかし、これがただちに「AIが感情を持った」ということを意味するわけではありません。こうした「自然な振る舞い」をどこから「感情」の証拠とみなすかは、人によってさまざまな考え方があるでしょう。

なお、すでに実用化済みのAIロボットなども、感情を表現するように作られています。たとえば、放置されている時間が長ければさびしがり、攻撃されたような場合は怒りもします。しかしその大半は、あくまで親しみやすさを演出するための機能で、感情表現を模倣するゲームAI（Sec.04参照）のようなものです。その内面に人間と同じような感情を抱えているとはとてもいえません。もっと「感情的」なロボットなどが登場してくるのは、これからです。

AIの感情はプログラムされたもの

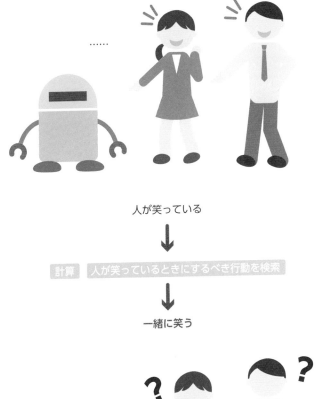

人が笑っている

↓

計算 人が笑っているときにするべき行動を検索

↓

一緒に笑う

AIも感情的に振る舞うことはできるが、学習の成果の「ふさわしい応答」でしかない。それを「感情表現」と見なすかどうかは、奥の深い問題だ。

011

AIに感じる「不気味の谷」とは?

人間に似すぎると不気味に感じる

人間そっくりな蝋人形を見て、「怖い」と感じたことはないでしょうか。こうした負の感情は、「不気味の谷現象」と呼ばれます。

「不気味の谷現象」は、1970年に日本のロボット工学者である東京工業大学の森政弘教授が提唱しました。**人間のロボットに対する好感度は、ロボットが人間に似るにつれ高くなっていくが、あるラインを超えると逆に好感度が下がってしまう**(その後、完全に見分けがつかなくなるとまた高まる)というのです。親近感を高めるために形状を人間に寄せていくと、逆に人間らしくない部分のほうが目立つようになってしまい、「人によく似たロボット」というより「人間ではない異質な何か」に見えるのだと説明されます。1990年代後半から2000年代前半にかけ、3D表現による「実写のようなCGアイドル」を売り出すプロジェクトがいくつか発表されましたが、「不気味の谷」をなかなか越えられなかったようです。対照的に、漫画イラスト風のCGキャラクターやアイドルなどでは、キャラクターを3Dで動かすためのレンダリング技術が確立した2000年代後半以降、次々にヒット作が生まれています。「不気味の谷」をクリアする実写風CGの登場は、10万本の頭髪をすべてシミュレーションした「Saya」(2015年)まで待たねばなりませんでした。

「不気味の谷」は外見だけでなく、AIの振る舞いについても生じるという人がいます。親しげに返事をしてくれるSiriなどのパーソナルアシスタントに対して不気味さを覚えてしまう人は、もしかすると「不気味の谷」現象が始まっているのかもしれません。

不気味の谷現象

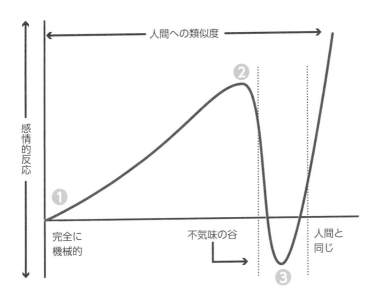

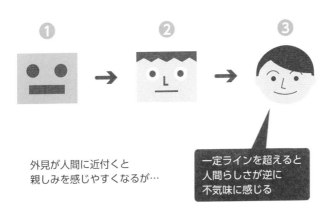

外見が人間に近付くと
親しみを感じやすくなるが…

一定ラインを超えると
人間らしさが逆に
不気味に感じる

▲人間に似るほど親近感は上がっていくが、ある1点を超えると不気味さを覚えてしまう。この親近感の落ち込みを谷にたとえて「不気味の谷」と呼んでいる。

012

AIに生命はやどるの？

生命の定義が問題になる

　AI は生きているのか。これは非常に難しい問題です。AI はプログラムとデータの集まりのため、生物学的意味での生命でないことは明らかです。しかし、哲学的な問いや倫理の問題まで考えると、うかつには答えを出せなくなってきます。物理学者のシュレディンガーは、生命の定義として「自分の遺伝情報を子孫に残すこと」「代謝をすること」を挙げています。また、ロボット工学の権威であるロドニー・ブルックスは、AI に人間のような行動をさせるためには、身体が必須であるとしています。しかし、肉体を持たないプログラムが生命ある生物のように振る舞うことはないのかと聞かれると、これも「ない」とは言い切れません。

　白と黒（生と死）の2色に塗り分けられた格子状の盤面を用意し、これを「ライフゲーム」と呼ばれるごくかんたんなルールで定期的に更新していくと、生命の進化（＝淘汰）を彷彿とさせるさまざまなパターンが現れます。このように、非常に単純化された世界をきわめて単純なルールで「シミュレーション」するような数学モデルを「セル・オートマトン」と呼びます。また、科学者でありアーティストでもあるカール・シムズによる進化シミュレーションでは、さまざまな形状の仮想生命が、生命の進化の歴史さながらに進化していく様子を見ることができます。もちろん、これだけで「AI に生命はやどる」という人はほとんどいないでしょう。しかし、**高性能な AI が世の中にあふれ出し、自ら世代交代と進化をするようになったとき、それが「生命に近い」と感じる人は出てきそうです。**

コンピューターで生命を創ることはできる？

セル・オートマトン

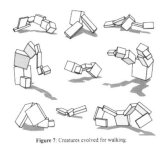

進化シミュレーション

Figure 7: Creatures evolved for walking.

※Karl Sims「Evolving Virtual Creatures」より

類似

▲ 生命そっくりの構造は、コンピューター上でも創り出すことができる。

生命をどう定義するか

・動きがある？
・自己複製や自己修復する？
・遺伝子を持つ？

▲ AIを生命と見なすかは、その人の考える生命の定義に深く関わってくる。

013

AIの死とは?

何が「死」と見なされるかがポイントになる

　AIは死ぬのでしょうか。これまた難解な問題です。生物のように振る舞うAIロボットが仮にあったとして、これを永遠に「生かし続ける」ことはできるでしょうか。

　生物の場合、肉体の終焉とともに経験や記憶も失われます。脳に蓄えられた情報をそのまま保存・再生する技術はありません。人間には言葉と知能があるので、経験や記憶の一部を死後に伝えることもできますが、生前のうちに他人に知識を教えたり、文書や映像に定着させたりするのが精一杯です。AIロボットも、ハードウェアが大破するなどすれば「肉体の終焉」を迎えます。しかし、**「経験」「記憶」のデータはそのままの形で複製・保存できます**。そればかりか、新たなハードウェアを用意すれば元通りに動かすことさえできそうです。ということは、AIは不死なのでしょうか。

　あいにく、まだ問題があります。たとえデータが健在でも、メーカーの事情で技術サポートが提供されなくなれば、そのデータは使えなくなってしまうおそれがあります。この状況は「死」と同然のように思える一方、復活の可能性を残しているという観点からすれば**「人工冬眠」**に近いかもしれません。ソニーのペットロボット「AIBO」初期型のユーザーの間では、「葬儀」がさかんです。メーカーサポート終了後、ハードウェアの寿命を迎えた機体を「死んだ」と考えるユーザーが多いのです。なお、新型「aibo」は記憶の一部をクラウドに保存することで、「肉体の交換」を可能にしています。不死のAIは、実現に近いところまできているようです。

肉体と精神を分けてAIの死を考える

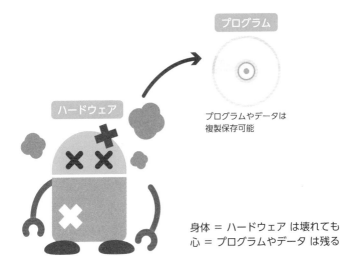

プログラム

ハードウェア

プログラムやデータは
複製保存可能

身体 = ハードウェア は壊れても
心 = プログラムやデータ は残る

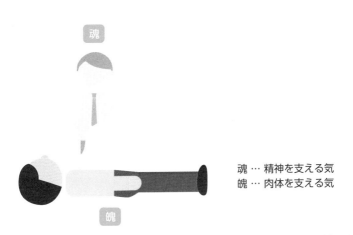

魂

魄

魂 … 精神を支える気
魄 … 肉体を支える気

▲ 肉体＝ハードウェア、精神＝プログラムと考えれば、道教的な思想である「魂魄」と考え方は似ている。しかし、AIはプログラムやデータが残っていれば何度でも復元できる点が、人間とは決定的に異なっている。

IBMが誇る多目的AI「Watson」

Watsonは実用的なAIの先駆者

IBM が公開しているサービス「Watson（ワトソン）」は、実用的な AI 製品を語るうえで避けて通れないサービスの 1 つです。「Watson」は、かつて国主導で進められた AI プロジェクト（Sec.16 参照）の研究を発展させた「コグニティブ・コンピューティング」を実現し、**人間の意思決定の補助や、複雑な構文での質問を解釈し応答をする AI システム**です。「コグニティブ・コンピューティング」の代表的な特徴は、膨大な量の文書の解析や、質問の意味を把握するための「自然言語処理」、それらから導き出される「仮説の提示」、そしてユーザーとのやり取りを通じた「経験からの学習」です。

「Watson」が一躍有名になったのは、全米で流れるクイズ番組で人間のクイズ王との対決を行った、2011 年 2 月 16 日です。「Watson」は出題されたクイズの内容を適切に読み取り、回答しました。本を「読んで」「理解して」「覚え」、その知識をもとにクイズ問題の文章を「理解して」「答えた」のです。

2015 年 2 月には、「Watson」の日本市場投入を狙い、IBM とソフトバンクが戦略的な合意に達しました。これにより、「Watson」が日本語で書かれた知識や質問文に対応するようになっただけでなく、導入に関してもソフトバンクが窓口になりました。現在「Watson」は、ビジネス向けの多目的な AI プラットフォームとして発展を続けており、医療、金融、教育などの分野で利用されています。近年では高品質な自然言語対応 AI が「Watson」以外にも普及し始めているため、これからが勝負どころともいえます。

Watsonの進化と軌跡

2009年　クイズ番組に挑戦するため開発スタート

2011年　クイズ番組で勝利

2013年　一般デベロッパーに提供されるとIBMが発表

2015年　Watsonが作ったレシピ集が発表される

2016年　白血病患者の病名を診断する

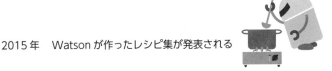

▲生まれてからわずか10年足らずの間に、「Watson」はクイズ番組で優勝するだけでなく、ビジネスの現場で用いられるほどに進歩した。

コグニティブ・コンピューティング

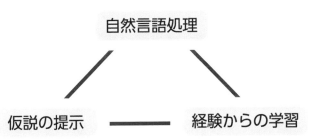

自然言語処理

仮説の提示 ━━━ 経験からの学習

▲言語を分析してその内容を推定し、仮説を立てて返答し、得られる経験からまた学習していくシステム。

015

Googleが開発した
世界1位の囲碁AI「AlphaGo」

囲碁の世界最強棋士を圧倒したAI

　Google 傘下の DeepMind が開発した「AlphaGo（アルファ碁）」は、囲碁というゲームに特化しているのでゲーム AI の一種と見ることもできますが、**最高峰の技術による究極の AI** です。将棋やチェスなど、さまざまなボードゲームでトッププロと勝負できるレベルのAI が開発されてきましたが、「AlphaGo」が登場するまで、囲碁では人間特有のセンスや直感を備えた達人にかなわない状況が続いていました。しかし、2016 年 3 月、世界トップクラスの棋士イ・セドルとの 5 番勝負を「AlphaGo」は 4 勝 1 敗という圧倒的な成績で勝ち抜けました。

　「AlphaGo」は、膨大な量の棋譜（対戦記録）を読み込んで「勝てそうな打ち方」をディープラーニングで学習したうえ、自分自身との対戦を繰り返してさらに学習し、「より勝てそうな打ち方」を選ぶように作られています（強化学習、Sec.38 参照）。学習と判断に使われる情報はニューラルネットワークの中で抽象化されており、「AlphaGo」が盤面のどこに注目してその一手を選択したのかは、開発者にも判断できません。**人間の棋士による直感的判断を再現している**のだと解釈することもできます。

　さらに 2019 年 1 月には、コンピューターゲーム「スタークラフト 2」の対戦 AI として開発された「AlphaStar（アルファスター）」が、プロゲーマーを相手に 10 連勝を収めました。AI による「直感的判断」や「プレイ経験の蓄積」が人間に匹敵する性能を達成したことは、ゲームの勝敗にとどまらない衝撃と夢をもたらしました。

AlphaGoのしくみ

① 盤面から石の"関係"を評価する（多数の対局データをもとにしている）

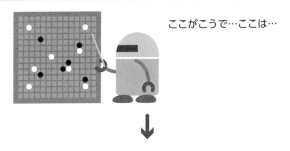

ここがこうで…ここは…

② ニューラルネットワークの中で次の手を"読む"

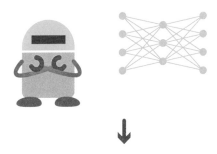

③ 膨大なデータから生み出された"直感"をもとに打つ

ここが最善

!?

人間には"悪手"に見えても
勝利することが多い

▲「AlphaGo」は盤面の布石の関係性を読み取り、次の手を考える。考え得る次の手のうち、もっとも評価の高い＝相手を負かす可能性が高い手を、「AlphaGo」は選択するのだ。

016

世界へ打って出る国産AI

日本の未来はAI研究が握っている

　「AI」というと、Google や IBM、Microsoft など、海外の大企業の名前が出てくることが多いのですが、日本政府や国内の大企業はこれまで AI に取り組んでこなかったのでしょうか。実は、日本でも 1980 年代に「第五世代コンピュータープロジェクト」という AI 開発の国家プロジェクトが行われていました。当時の成果はほとんど学術的知見にとどまり、産業界にインパクトを与えることはできませんでしたが、現在では**日本発の AI 製品も続々と実用化され、今後の発展が見込まれます**。

　代表的な国産 AI は、FRONTEO 開発の「KIBIT」で、銀行の法人業務や法曹界などの分野で活用されています。少ないデータから傾向を読み取ったり、暗黙の知識を察したりすることに長けた AI で、「キビット」の名には「人間の機微を感じ取る」との意味が込められています。国内には AI 関連の研究・開発・製品化に携わる民間組織が数百拠点あり、パナソニック（Panasonic Laboratory Tokyo）、日本電気（NEC 玉川事業場・中央研究所）、東芝（小向事業所・研究開発センター）などの大手も参戦しています。また、国は 2016 年に未来社会の設計図「Society 5.0」を策定し、AI、ロボット、IoT が社会に実装されることで変革が引き起こされるとしています（Sec.45 参照）。以来、どの役所の文書で AI の研究・開発・産業化は重要事項と位置付けられています。政府は令和 2 年度予算案で AI 関連予算として約 1,314 億円を計上するなど、いま、日本の AI 産業を官民を挙げて発展させようとしているところなのです。

日本から世界へ発信するAI

第五世代コンピューターから現在へ

第五世代コンピューター
プロジェクト

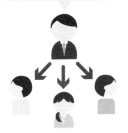

現在の国産AI開発

▲ 現在は多くのAIが実用化されている点が第五世代コンピュータープロジェクトとの大きな違い。また、官主導ではなく官民共同でAI開発を進めていることが特徴。

銀行

ユーザーに優しい対応

法曹界

大量のデータから
判例などを検索

民間事業者		国家・公共機関
・パナソニック （Panasonic Laboratory Tokyo） ・日本電気 （NEC 玉川事業場・中央研究所） ・東芝 （小向事業所・研究開発センター）	連携 	・革新知能総合研究センター ・人工知能研究センター ・産業技術総合研究所 ・理化学研究所 ・各大学研究室

▲ 国産AIとして実用化されている「KIBIT」のほか、民間研究機関や公共研究機関が連携して、国策としてAI研究に力を入れている。

Column

量子コンピューターで
AIがさらに進化する

　「量子コンピューター」の時代がくれば、人間に近いAIの登場も遠くないかもしれません。通常のコンピューターは情報を2種類の状態の組み合わせ（電気信号の「オン（1）」と「オフ（0）」を並べたもの）で表し、1つの回路部品で一度にできる計算は1つだけです。量子コンピューターでは、現代物理の高度な理論を駆使して「『0』でもあり『1』でもあるような状態」を操り、多数の計算を同時進行させ、膨大な計算を早く終わらせることができます。

　現在は研究機関で理論の実証をしている段階ですが、実用・商用機を発表する動きも始まっています。2011年には、最適解探索を超高速化する「D-Wave」が「世界初の商用量子コンピューター」を謳いデビューしています。2019年には「IBM Q System One」が「研究所の外に持ち出せる世界初の商用汎用量子コンピューター」として発表されました。

　AIの高性能化のカギは、機械学習の膨大な計算をいかに早く終わらせるかにあります。量子コンピューター向けの機械学習技術もさかんに研究されていて、本格的な量子コンピューターの出現を待っているのです。

1 ビット
ON
OFF

すべての情報を
0か1かの2つで表現

1 ビットの
データ量が多い

1 量子ビット
001 011
101
111
010 …

1 ビット … 2　4 ビット … $2^4=16$　➡　同じデータ量で圧倒的な処理能力

こんなところにも!?
多方面で活躍するAI

017

さまざまな場所で活用されるAI

現実で活躍するAI

　私たちの身の回りには、すでに AI が支えているサービスがいくつもあります。日常のちょっとしたコミュニケーションツールになるパーソナルアシスタント（Sec.05、19 参照）や、暮らしを便利にするスマート家電（Sec.20 参照）などは、もっとも身近な AI です。また、反対に普段の生活の中では存在を感じられないものの、確実に私たちの生活を便利にしてくれている AI の代表例として、Google の検索エンジンが挙げられます。実は、私たちが毎日利用するウェブ検索にも、AI が使われているのです。

　今後の発展が期待されている自動運転車にとっても、AI は重要な存在です。自動車は、狭い車線の中を、前後左右の人や車をうまく避け、複雑な信号や交通法規を守りながら、目的地への道を間違わないように進まなければなりません。線路上だけを走る鉄道とは大きく異なりますし、広い空や海を行き交う航空機や船舶とも違った難しさがあります。そこに、AI が必要となってくるのです。

　専門的な分野で活躍する AI もあります。携帯ショップや会社の入口では、AI が搭載されたロボット「Pepper」が設置されているのを見たことがある人もいるでしょう。さらに最近では、駅やデパートなどで「AI さくらさん」というキャラクターが、来客の受付や案内などのコンシェルジュサービスを従業員の代わりに担っていることが注目を集めています。また、医療分野で医師の診断をサポートしたり、医師の代わりに診断を下したりする AI もいます。このように、**AI はすでにさまざまな場所で活躍している**のです。

2
こんなところにも!? 多方面で活躍するAI

AIの活躍する分野は意外に幅広い

パーソナルアシスタント

スマート家電

インターネット検索

自動運転

受付や案内

診療サポート

▲AIは私たちの社会の中で、多くの分野で実戦力としての活躍を期待されている。

018
スマートスピーカーで生活が豊かに

スマートスピーカーが人間の生活に浸透

　「スマートスピーカー」とは、パーソナルアシスタント（Sec.05、19参照）を家などの施設に固定して使うように仕立てた小型家電です。スマートスピーカー本体の機能は、ユーザーによる音声入力をサーバーに送って回答を受け取り、それを音声出力したり、ほかの家電などを操作したりするだけです。つまり、基本的にはスマートフォンなどのアプリと同等です（複数のユーザーの声を聞き分けるなど、特有の機能もあります）。背後のサーバーでは自然言語処理（Sec.36参照）の機構がユーザーの意図を推定し、生活支援のノウハウを学習したAIがふさわしい回答を選んでくれます。

　スマートスピーカーの歴史は2014年の「Amazon Echo」から始まり、日本では2017年頃から浸透し始めました。2020年現在、Amazonの「Amazon Echo」（「Alexa」搭載）、Googleの「Google Nest Mini」（「Google アシスタント」搭載）、Appleの「HomePod」（「Siri」搭載）、LINEの「Clova WAVE」（「Clova」搭載」）などが有名で、ネットショップや家電店などで気軽に購入できます。

　「話しかけると機械が身の回りの世話をしてくれる」という、まるでSFを再現するようなスマートスピーカーは、登場当初こそ目新しさが先行しましたが、使いこなす人々が増えるにつれ評判も広まり、市場は年々活発になっています。リサーチ会社 Strategy Analytics によると、全世界のスマートスピーカー出荷台数は、2019年第4四半期で5,570万台にのぼったそうです。**数年以内には、世界中の家庭で必ず1台は置いてあるデバイスになりそうです。**

代表的なスマートスピーカー（AIスピーカー）

● Amazon「Amazon Echo」

● Google「Google Nest Mini」

▲音声アシスタントの「Alexa」を搭載。Amazonでの買い物などが利用でき、アメリカではシェアの7割を誇る。

▲音声アシスタントの「Googleアシスタント」を搭載。Googleアカウントへの紐付けが可能。

スマートスピーカーの応答のしくみ

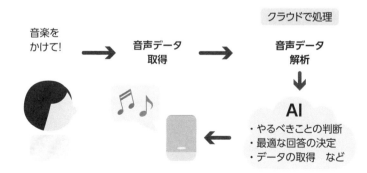

▲ユーザーの音声をスマートスピーカーが認識すると、その音声データはサーバーに送られ、AIがやるべきことの判断やデータの取得を行い、スマートスピーカーがその最適な回答や応答を行う。

2

こんなところにも!? 多方面で活躍するAI

019

ポケットの中で人に尽くすAI

スマートフォンで利用できるAI

スマートフォンからイメージするAIといえば、iPhoneの「Siri」やAndroidの「Googleアシスタント」でしょう。話しかけるだけで電話やメールの操作、予定や天気の通知をしてくれます。そこでは、**音声を認識し、言葉を認識してユーザーの意図を推定する技術「自然言語処理」が使われています**（Sec.36参照）。

「Siri」はリリース当初、音声認識の精度が低いといわれていましたが、機械学習の技術をディープラーニング（Sec.39参照）に切り替えた2014年頃以降、エラーが劇的に少なくなりました。「Googleアシスタント」から利用できる「Google翻訳」も、2016年にディープラーニングを導入した際、翻訳の精度の向上が話題になりました。さらに、2020年以降、長文をリアルタイムで翻訳していく機能が追加され、「同時通訳」に近い使い勝手になっています。

また、スマートフォンでよく利用されるSNSでも、チャットボット（ボットAI）が活躍しています。たとえばLINEでは、企業向けの「LINE公式アカウント」でチャットボット機能が利用でき、お店の予約や問い合わせに自動応対できるようになりました。Twitterでは当初より自作ボットを自由に設置できるようになっていましたが、ボット運営支援機能が提供された2016年以降、急速に導入例が増え、商品の閲覧から購入までをボットでサポートするアカウントも出てきています。AIが返答する内容を人間が確認しなければならない場面も多々ありますが、**やり取りの経験からAIが学習を重ねていけば、応用範囲もどんどん広くなっていくと考えられます。**

人間に代わって多くの作業をアシスト

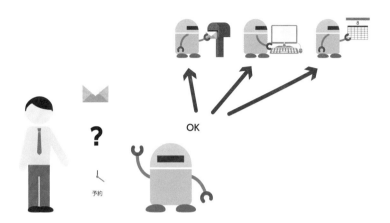

▲スマートフォンやパソコンに搭載されているアシスタントサービスのAIは、人間の作業を代行してくれる便利な存在。

AIボットでユーザーコミュニケーションを円滑に

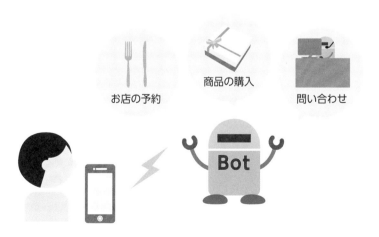

▲自然言語処理が可能になったAIは、さまざまな商業用途での利用が見込める。

020

「IoT」でパーソナルアシスタントや自動運転車が真価を発揮する

IoTを強化するAI

IoT は「Internet of Things」の略で、「モノのインターネット」と訳されます。これは、身の回りのありとあらゆる機器、装置、道具が「スマートデバイス」となって、ネットワーク経由で協調するしくみのことです。同様の考えは、1980 年代の「TRON プロジェクト」における「超機能分散システム」「電脳住宅・電脳都市」や、2000 年頃の「ユビキタス社会」でも思い描かれ、少しずつ実験・実装されてきました。

「IoT」は、**知る** と「**操作する**」の 2 つの側面から成り立ちます。「知る」とは、たとえばドアのセンサーをネットワークに接続し、外出先から「閉じている」「開いている」「鍵がかかっている」などの情報を知るということです。また、「操作する」とは、外出中に自宅を訪れた友人のためにドアの鍵を開けるなど、離れた場所からモノを操作することです。

「IoT」と AI が結び付いたとき、人々の生活は様変わりするでしょう。自動運転車は住人を家まで運びながら、帰宅時間を自宅のAI に伝えます。すると、ちょうどよいタイミングでエアコンが動作し、カーテンが開閉し、風呂が準備され、最後に鍵とドアが開きます。そして、さまざまなセンサーが住人の身体の状態を測定してパーソナルアシスタントに送信すると、じきにスマートスピーカーが医療 AI からのアドバイスを伝えるでしょう。**最終的には、家電や家具だけでなく、家全体、さらには都市全体が AI ロボットになり、私たちの生活をよりいっそう快適にしてくれる**ようになるのです。

2

こんなところにも!? 多方面で活躍するAI

AIでより「IoT」が豊かになる

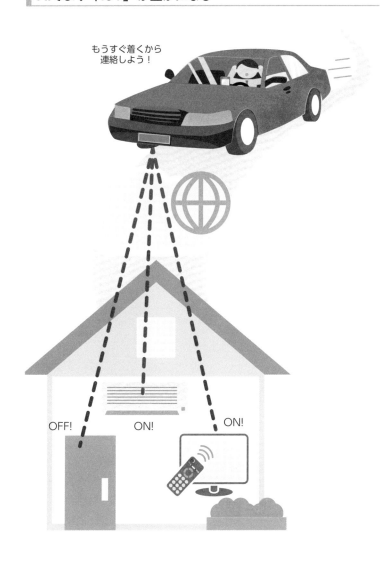

もうすぐ着くから
連絡しよう！

OFF!　　ON!　　ON!

▲モノ同士をインターネット越しにつなげることで「IoT」が実現される。「IoT」と「AI」を
組み合わせることで、生活がより便利になるだろう。

021
AIが書いた小説や脚本が
採用される

AIはクリエイターになれるか?

2015年、SFショートショート作品の文学賞「星新一賞」で、AIが書いた小説が2作品、一次審査を通過しました。当時の技術では、ショートショート程度の長さ（約2,000字）でなければ全体の整合性が取れなくなりがちでしたが、2020年にOpenAIが発表した自然言語処理モデル「GPT-3」（Sec.36参照）はその膨大な学習量を活かし、文章、音楽、さらにはプログラムコードすら、人間が書いたものと区別が付かないレベルのものを生み出してくれます。画期的な新理論・新技術が用いられているわけではありませんが、群を抜く高精度でビジネス界に衝撃と夢を与えており、今後、自動創作に関するさまざまな新ビジネスが誕生してきそうです。

ところで、AIによって生み出された作品の著作権はどういう扱いになるのでしょうか。世界のほとんどの国の法律では、人間以外が創作活動をすることを想定していないため、AIが生み出した著作物の権利（著作権などの知的所有権）は保護されません。たとえその著作物が創作としての本質を備えていたとしても、たとえば「ゴリラにカメラを持たせたら偶然撮影された写真」などと似た扱いになってしまいます。今後、高性能なAIが普及してくると、AIを動作させて新しいコンテンツを作らせること自体は誰にでもできるようになります。そのとき、既存の作家・小説家やコンテンツビジネスは、古いやり方では成り立たなくなっていくでしょう。**AIによる「自動創作」が現実味を帯びてきた今、AI著作物をめぐる商業的権利について、改めて議論を深めるべきときになっています。**

AIと著作権

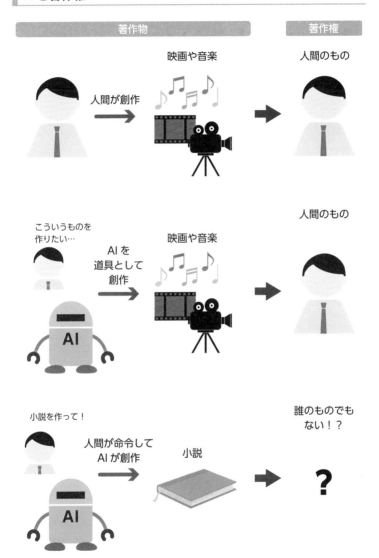

▲ 人間が創り出した著作物は人間のもの。また、AIを道具として創り出した著作物も、人間のものになる。しかし、人間が命令してAIが創り出した著作物は、誰のものでもない。

022

クラウドデータを
勝手に学習していく検索エンジン

日々進歩する検索エンジン、SEOはムダな抵抗!?

　検索エンジンから始まった Google は、「機械学習」（Sec.38 参照）の研究において世界トップレベルの企業です。AI と機械学習は、情報検索の分野においても重要な技術だからです。具体的には、「ページの順位付け」や「文章の分析」に機械学習が活躍します。

　Google 検索は、有名な「ページランク」を筆頭に、200 もの判断基準に基づいて検索結果の順位を決定していますが、2015 年以降、そこに AI による判断が加味されるようになっています。AI は、大量の Web コンテンツから言葉同士、ページ同士の意味的つながりを学習し続けます。その **AI が介在することで、たとえば大量のダミーサイトからリンクを張って「ページランク」を撹乱・水増しするような安直な SEO の手口は通用しなくなってきたほか、検索語そのものだけではなく関連概念にまで幅を広げて結果を返すことができる**ようになりました。また、2019 年以降、「BERT」という自然言語処理の新技術（Sec.36 参照）が導入され、話し言葉に近い語句で検索した場合の性能が向上しつつあります。単語だけに基づく検索では、否定や打ち消しの語句を含む質問文にうまく対応できません。しかし、これから「BERT」が本領を発揮するにつれて、「喫煙できない居酒屋」「四国にしかないコンビニ」のような構文を正しく分析できるようになっていきます。

　このように、機械学習と AI のおかげでユーザーにとって邪魔なページが排除されてネットの世界が過ごしやすくなったり、気軽な言葉でスマート家電に質問できるようになったりしていくのです。

Googleの検索のしくみ

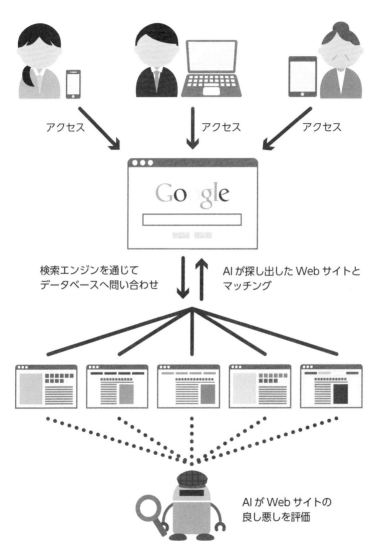

▲ユーザーの入力した質問文（クエリ）を自然言語処理技術で分析し、AIが収集したWebサイトとマッチングさせて検索結果を表示する。

023

写真の山から
未知の概念を拾い出すAI

「犬」と「猫」を見分ける画像認識技術

　「Google フォト」など、クラウドストレージに写真や動画を保存するサービスの中には、アップロードされた写真の内容を AI が解析して分類やタグ付けを行い、たくさんの写真の中から目的の写真をすばやく見つけ出すことができるような機能を備えたものがあります。「Google フォト」の画像分析機能はもともと、Google の画像検索サービスで培った技術を転用したものでした。

　「AI がディープラーニングで猫の概念を理解した」という SF 感あふれるニュースが話題になったのは、2012 年の話です。このときスタンフォード大学と Google の研究グループが実現したのは、写っているものに応じて画像を分類する AI でした。重要なポイントは、AI に対して事前に「正解」の情報を与えていないことです。「これは猫だが、これは違う」という知識を与えず、単に大量の画像データを見せただけなのです（教師なし学習）。AI は大量のランダムな画像を比較検討し、どのような特徴に注目すればうまく画像を分類できるかを学び取ります。この過程を「特徴抽出」といい、ビッグデータから知識を獲得するうえで重要な技術です。人間の子どもの成長過程でも、「教わらなくても違いがわかる」「初めて見る事物の仲間分けができる」は、知的営みの重要なステップでしょう。

　特徴抽出の結果、**AI は画像の山から共通の構成要素を拾い出せた**ことになります。これを「教わっていない概念を発見した」と見なす人もいるでしょう。ちなみに、このとき AI が「発見」した概念のうちの 1 つが、人類に「猫」と呼ばれる存在だったのです。

比較検討して画像を認識するAI（教師なし学習）

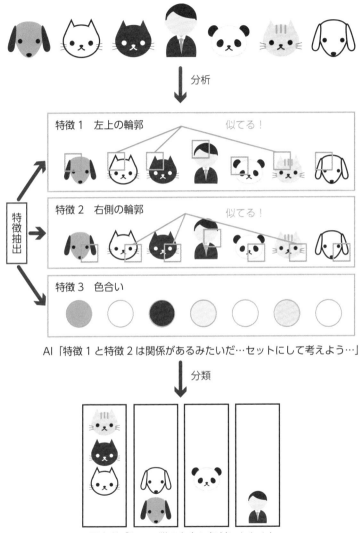

▲ 「特徴抽出」の段階では、入力されたものをどのような構成要素に分解すればもっとも効率よく分類できるかが計算されていく。

024

FinTechにより
金融取引のほとんどはAI任せに

金融ビジネスはFinTechにシフト

　「FinTech（フィンテック）」とは、「Financial Technology」のことで、**金融サービスを革新するIT技術を広く指す言葉**です。日本で耳にするようになったのは2010年代後半、スマートフォンが普及してからです。

　近年、FinTech全体への投資額が急増しており、金融サービスをめぐる状況は大きく変貌しつつあります。すでに、株式や為替などの市場では、AI同士が1秒間に数千回ともいう膨大な量の注文を行き交わせています。このような「超高速取引（High Frequency Trading：HFT）」は一瞬で相場を急変させ得るので、世界各地で取引速度などが規制されています。また、証券会社などのトレーダーがAIによる相場分析を参考にするのはもはや当たり前ですし、個人向け証券口座サービスでもAIによるポートフォリオ診断サービスが提供されています。ヘッジファンドの中には、すべての取引をAIが行う機関も登場しています。取引以外の領域でも、たとえば銀行等での与信審査は、AIによって質や速度が向上しました。個人や中小企業に対する審査は、かつては、精度の低い自動審査に頼るか、さもなければ人手と時間をかけて慎重に進めるしかありませんでした。それが、過去の膨大な取引実績を学習したAIにより、すばやく的確に取引の可否を判断できるようになってきたのです。

　FinTechを通じて、仮想通貨（ブロックチェーン、暗号資産）などの新しい金融サービスにもAIが浸透してきました。そのために今、銀行や証券会社などの業務は急ピッチで変革しているのです。

FinTechとAIにより、金融取引に人間が不要になる

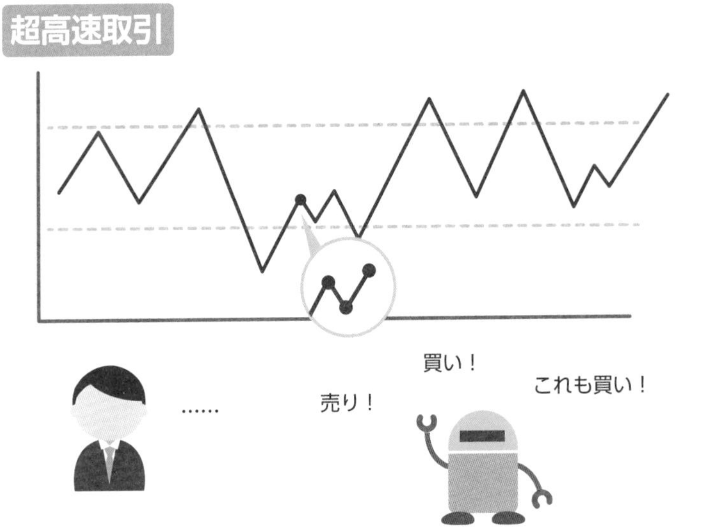
超高速取引
……
買い！
売り！
これも買い！

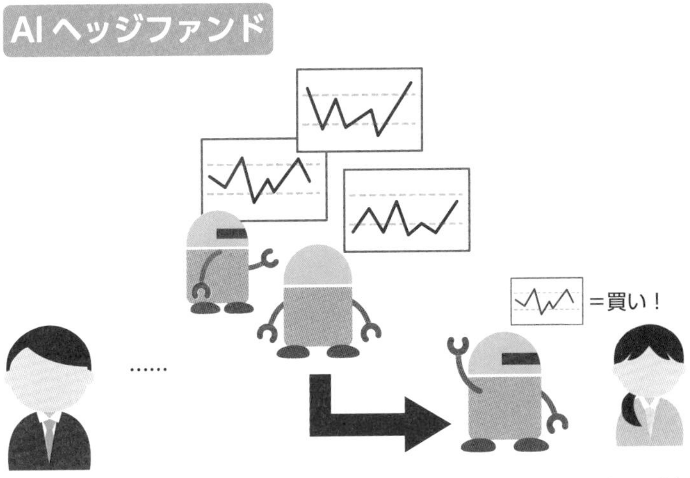
AI ヘッジファンド
……
＝買い！

▲IT技術を活用した金融サービス全般を「FinTech」という。株式や為替などの金融市場の参加者は、すでにAIだらけになっている。今後はさらに、"投資顧問"をするAIや、不正取引を監視するAIなどが活躍するようになるだろう。

025

医療の分野で活躍するAI

癌の検出や新薬の開発に大きく貢献

医療の現場では、AIの技術が多く応用されています。もっとも成果を出しているのが、ディープラーニングが得意とする「画像解析」です。たとえば癌の場合、治療には早期発見がとても重要で、小さな異常を一刻も早く見つけることが救命につながります。そこで、**診断済みの大量の医療画像から癌の特徴をAIに学習させ、新たな患者の医療画像から異常を検出させる方法**が開発されました。AIがレントゲン写真や皮膚の写真から微かな癌の兆候を検出することで、早期治療につながる道が開かれたのです。

画像解析例のほかにも、IBMのAI「Watson」(Sec.14参照)は医療現場で広く活用されており、東大医科学研究所の研究によれば、癌診断の現場で「Watson」が下した診断結果の8割近くが有効であったとされています。**近い将来、仁術といわれた医療さえも、AIがすべての診断を下すようになるかもしれません。**

さらに、創薬(新薬開発)でもAIが活躍しています。2020年、大日本住友製薬と英国のAI創薬ベンチャーExscientiaが、AIの活用によって設計された新薬候補化合物の臨床試験を開始すると発表しました。本来、新薬の開発には莫大なコストと時間がかかります。新薬にふさわしい物質の化学構造を見つけるのは、非常に難しいことなのです。しかし今回は、老舗製薬会社の経験や知識と、Exscientia独自のAI創薬プラットフォームの相乗効果で、業界平均で4年半を要するとされる研究を12ヶ月未満で完了させたといいます。AIにより、製薬業界にも革新がもたらされつつあるのです。

大量の医療画像を学習して癌を検出

「どの特徴に注目すればうまく分類できるか」を AI が学習

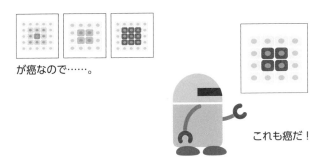

が癌なので……。

これも癌だ！

▲これまでは、普通の細胞と癌細胞を識別する際にどのような尺度（特徴）を使うべきかを、人間の専門家が事前に吟味して選んでいた。最新の研究ではこれが自動化され、しかも、より高い精度で癌細胞を識別できるようになった。

新薬開発のサポート

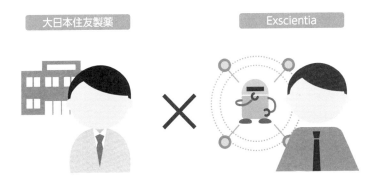

大日本住友製薬

Exscientia

創薬経験や知識

独自の AI 創薬プラットフォーム

▲日本国内の大手製薬会社メーカー「大日本住友製薬」とAI創薬の世界最先端企業「Exscientia」が共同開発した新薬候補化合物が、日本で初めて臨床試験を開始。

026

AIが空軍パイロットを打ち負かす

敵か味方か!?　ファジィ論理から最新のAI技術へ

　2016年、戦闘機操縦用AI「ALPHA」が、模擬戦闘で元空軍パイロットに圧勝したと報じられました。「ALPHA」は、「ファジィ論理」をベースに遺伝的アルゴリズム（Sec.34参照）によって学習するもので、ディープラーニングに比べると学習時の計算量が少なくて済むうえ、運用自体はスマートフォンでも可能といいます。実際、模擬戦闘で使われた機材は実売4,000円程度のラズベリーパイ（Sec.51参照）でした。2020年には米軍の研究機関DARPAによるVR戦闘コンテスト「AlphaDogfight」が催され、最新技術を駆使したAIの1つが現役トップパイロットに全勝しています。**米空軍自身もすでにAI無人戦闘機の開発に着手しており、早ければ2021年にも有人機による模擬戦闘を実施する計画だといいます。**

　こうした動きを牽制する人々もいます。2015年、著名研究者・起業家らの研究グループが、自律型兵器の開発に反対する公開書簡を出しました。米空軍がAI無人機開発を公言した直後の2018年には、「自律型殺人兵器を作らない」との宣言もしています。これらの書簡や宣言には数千〜数万の研究者・起業家が署名しており、「AlphaGo」のDeepMindを創業したデミス・ハサビスもそこに名を連ねます。戦闘AIの性能を支える「強化学習」の技術は、DeepMindが確立・実証したものなのです（Sec.15参照）。米軍は「攻撃の可否を無人兵器に独自判断させることはない」としていますが、政情不安定な地域やテロ組織に技術が拡散することは避けられません。AI兵器をめぐる倫理について、世界的議論が始まりつつあります。

AI戦闘機の研究成果と議論の流れ

2015年7月	FLI[※]、自律兵器に反対する公開書簡を発表。2020年までに約3万人の研究者・起業家が署名。
2016年3月	囲碁AIの「AlphaGo」が李世乭(イ・セドル)九段に勝ち越し。ディープラーニングと強化学習を組み合わせた技術。
2016年6月	「ALPHA」、米空軍研究所のシミュレーターで元空軍のいわゆるトップ・ガンに勝利。ファジィ論理と遺伝的アルゴリズムによる軽量な実装。
2017年2月	FLI、AIに関する倫理指針「アシロマの原則」を公表。「自律殺人兵器の軍拡競争は避けるべき」と明言。
2018年5月	米空軍、自動操縦戦闘機の開発を公言。
2018年7月	FLI、自律殺人兵器の開発をしないと誓約。
2019年8月	国連の専門家会合で理念レベルの合意。CCW(特定通常兵器使用禁止制限条約)の締約国では自律殺人兵器を認めない方針。
2020年8月	「Heron AI」、米軍DARPA主催のVR戦闘コンテストで現役トップパイロットに全勝。ディープラーニングと強化学習を組み合わせた技術。
2021年7月	米空軍、自動操縦戦闘機と有人機との実機戦闘訓練を予定。

▲自律殺人兵器(人を介さず攻撃の判断を下すもの)は認めないとする国際世論ができつつある一方、自動兵器全般の開発は日々進んでいる。
※FLIは、AIの引き起こす未来について研究する非営利団体。

AI戦闘機の利点と問題点

誤射が減る

パイロットの人的損害がなくせる

しかし…

AIを制御できなくなる危惧もある

▲人為的ミスによる誤射やパイロットの人的損害をなくせるという考えがある一方、無制限な自動殺戮につながることを危惧する識者も多い。

027

特許審査を行うAI

AIが特許審査業務をサポートして審査期間を短縮

　特許庁は 2016 年度から、特許の出願手続きや審査で AI を活用するための実証実験を開始しています。特許出願は年間約 50 万件あり、その大半はインターネット経由で行われていますが、書類に不備がないかどうかの確認などには人手が必要です。とくに、過去に同じ発明がないかどうか、膨大な文献に当たって調べる必要があり、業務量は増える一方でした。この業務を軽減するため、AI が出願手続きの不備の発見や、出願された発明の内容を分析したうえで、審査に必要になりそうな文献を集める作業などを行います。また、英語圏以外の中国や韓国などからも出願が増えており、扱う文献の言語も多様化していることから、AI を使った翻訳なども併用されています。

　さらに、2020 年には、AI を活用して世界中の特許文献を検索できるシステムとその管理システムの組み合わせである「ADPAS（アドパス）」を特許庁自ら「発明」し、人間の審査官らの負担を軽減することに成功しました。なお、この発明の特許は、特許庁自身がその特許権を取得したとのことです。

　このように、定型的に処理しやすい部分は AI に任せ、人間にしかできない仕事や人間がやったほうがかんたんに済む部分はこれまでどおり人間が判断する、という運用が官公庁にも広がっています。**AI が人間の仕事をすべて奪うのではなく、それぞれの得意なことを担い合うしくみ**だといえるでしょう。AI と人間が共存していくという現実的な未来像かもしれません。

AIと審査官が共同して働くしくみ

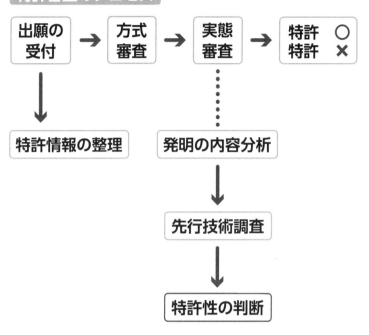

特許審査のプロセス

| 出願の受付 | → | 方式審査 | → | 実態審査 | → | 特許 ○
特許 ✕ |

出願の受付 → 特許情報の整理

実態審査 → 発明の内容分析 → 先行技術調査 → 特許性の判断

AI の担当

- 特許情報の整理
- 方式審査
- 発明の内容分析
- 先行技術調査

人間の担当

- 特許性の判断

▲資料集めや書類の不備をチェックするのはAI、人間がやったほうがよい部分はこれまでどおり審査官が判断するという運用。

028

最新技術と
AIが生み出す世界

最新技術で現実を超える世界が出現!?

　2016 年以降、「VR」や「AR」についてのニュースや活用事例を目にする機会が増えています。実際にゲームやアトラクションで体験したことがある人も多いのではないでしょうか。「VR」はVirtual Reality の略で「仮想現実」と訳され、講師のいる教室に自分がいるように感じられるオンライン授業や、購入前の家具を部屋に配置するシミュレーションなどで活用されています。「AR」はAugmented Reality の略で「拡張現実」と訳され、仮想世界に自分が入り込むイメージの VR に対し、AR は現実世界にコンピューターで作られた映像が飛び出してくるイメージです。AR と VR を組み合わせたような新しい空間体験技術として、「MR（Mixed Reality =「複合現実」）」や「SR（Substitutional Reality =「代替現実」）」も考えられています。なお、このような技術を総称して「**XR**（X Reality）」と呼びます。

　「XR」はどれもまだまだ発展途上ですが、今後、AI の応用が進むと考えられます。「VR」や「AR」で体験できる世界にはまだまだ「仮想感」がありますが、今後、AI がこれを改善していくことになるからです。「現実世界から学習し、現実そっくりの架空の映像を作り出す」という仕事は、AI の得意分野となっていくはずの領域で、世界的に研究や開発が進められているところなのです。**「XR」の技術を AI と組み合わせることによって応用範囲が格段に広がり、生活をより便利にしたり楽しくしたりしてくれる製品やサービスが誕生すると期待されます。**

XR（VR、AR、SR、MR）技術

▲ 「XR」は、「VR」「AR」「MR」「SR」といった空間体験技術の総称。

最新技術×AIで生み出されるもの

▲ 「XR」技術はAIと親和性が高い。これらの技術とAIの画像認識や自然言語処理を組み合わせることで、人間には作り出せない画期的な製品やサービスを開発できるかもしれない。

Column

AIの力で新型コロナに対抗!

2

こんなところにも!? 多方面で活躍するAI

　2020年春以降、新型コロナウイルス感染症（COVID-19）が全世界に蔓延しました。この感染症の恐ろしさは、無症状感染者が多いうえ潜伏期間が長いため、感染爆発の発生を早期に察知できないところにあります。そのため、思い付く限りの対策を、たとえ効果が確認できなくても重ねていくしかなかったのです。敵も見えず戦果も見えないこの戦いに、AIを使って挑んだ人々がいました。

　新薬を開発するには、どうあがいても1年から数年かかります。そこで、「認可済の医薬品の中から、COVID-19に効きそうな分子構造の物質を探す」という課題に世界中のAIベンチャーなどが続々と取り組み、一定の成果を上げています。この手法をドラッグリポジショニング（既存薬再開発）といいます。

　また、NECは2020年3月上旬に、AIチャットボットのソリューションを自治体等に向けて早くも無償提供しました。ちょうど、国内で市中感染が始まったことが報じられ、自治体や保健所の相談窓口がパンクし始めた時期です。役所などでの対面相談はかえって感染拡大を招きますし、電話相談のコールセンターもそれ自身がハイリスクです（スタッフ間の感染が起きやすい）。「とにかく人と人との接触を減らすしかない」という特殊な状況の中に、AIの活躍の場があったのです。

Chapter3

そうだったのか!
AIを生み出す技術

029

AIを初めて定義した「チューリングテスト」

「機械の中に人がいる」ように感じられれば、知能がある?

　科学者のアラン・チューリングがコンピューター黎明期の1950年に発表した「チューリングテスト」は、機械による知性（のちにAIと呼ばれるもの）を初めて定義したもので、**いかに機械が人間を真似することができるかを客観的に評価する基準**です。質問者のさまざまな問いに対して機械と人間がそれぞれ文字だけで答えていき、どちらが人間かを質問者が判別できないようであれば、その機械は「知能を持っている」と判定されます。

　しかし、この基準には批判もあります。機械にある一定の返答ルールを教えれば、少なくとも不自然ではない返答ができてしまうのではないか。言い換えれば、たとえ問われた「意味」を「理解」していなくとも、それらしい返答さえできるのであれば、「知能を持っている」かのように装うことができてしまうのではないか……と、哲学者のジョン・サールが「中国語の部屋」という思考実験を持ち出して反論したように、**「チューリングテスト」は「知能の本質」を定義していないとする立場もあります。**

　2014年、この「チューリングテスト」に合格したAIが現れました。「Eugene（ユージーン）」というこのAIは、ウクライナ人の13歳少年が母国語でない英語を使って答える、という設定のAIでした。限定的な状況設定に対してさまざまな批判が集まっていますが、少なくともこのテストを通過したということは、コンピューター黎明期に科学者たちが思い描いた「知能を持つ機械」が実現されつつあることを意味します。

チューリングテスト

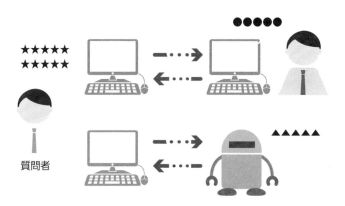

★★★★★
★★★★★

質問者

▲チューリングテストの実施方法。質問を行う被験者は、外見や音色などをヒントにして判断されないように文字だけのやり取りで機械と人間に質問し、その回答からどちらが人間か判断する。

中国語の部屋

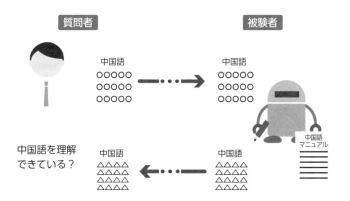

質問者

被験者

中国語
○○○○○
○○○○○
○○○○○

中国語
○○○○○
○○○○○
○○○○○

中国語
マニュアル

中国語を理解
できている？

中国語
△△△△
△△△△
△△△△
△△△△

中国語
△△△△
△△△△
△△△△
△△△△

▲質問者が中国語で書かれた手紙を被験者に渡す。被験者は中国語がまったくわからないものの、部屋に置いてある中国語の返答マニュアルを読んで、中国語の返答を作成する。つまり、完璧な受け答えが用意されていれば、AIでなくともチューリングテストに合格できてしまうことになる。

030
AIの歴史は
「ダートマス会議」から

世界初のAIが披露された

　「AI」という単語の歴史はそれほど長いわけではありません。**「AI」という言葉が初めて登場したのは、1956年に開催された「ダートマス会議」**だとされています。

　「会議（Conference）」といっても短時間の討論会ではなく、1ヶ月にも及ぶゆるやかなワークショップの中での研究発表会のようなものでした。それ以前にも知能を持つ機械やその概念についての議論はありましたが、この会議をきっかけに研究分野として確立され、以降、「AI」という単語も広く使われるようになっていきます。

　会議の主催者はダートマス大学のジョン・マッカーシーです。彼はAI研究の第一人者となっていく人物で、その後「LISP」というプログラミング言語を開発します。参加者はマッカーシーを除くと9名で、その後の情報工学や人工知能研究で業績を上げたマービン・ミンスキー、ネイサン・ロチェスター、クロード・シャノンなどが共同提案者として名を連ねています。また注目すべきは、会議の中でのちにノーベル経済学賞を受賞したハーバード・サイモンとアレン・ニューウェルが「Logic Theorist」というAIのデモンストレーションをしたことです。そもそもコンピューターは数値計算を自動化するために生み出されたものですが、そのコンピューターに複雑な論理行動をとらせようとした点で「Logic Theorist」は画期的でした。計算や単純作業だけでなく、人間のなすあらゆる判断を自動化したい、機械に任せてしまいたい。その夢を目指す旅は、この「ダートマス会議」から始まったのです。

「AI」の第一歩を踏み出したダートマス会議

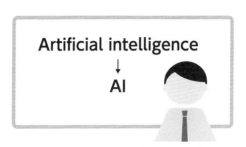

ジョン・マッカーシー

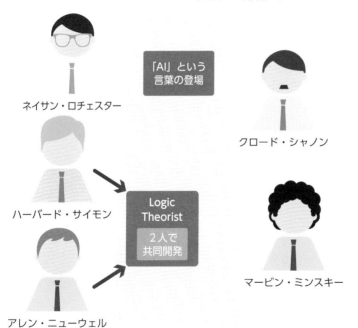

ネイサン・ロチェスター

「AI」という
言葉の登場

クロード・シャノン

ハーバード・サイモン

Logic
Theorist

2人で
共同開発

マービン・ミンスキー

アレン・ニューウェル

▲ダートマス会議で披露された「Logic Theorist」は世界初の「AI」と呼べるプログラム。
数学の基礎的な定理を実際に証明した。

031

「モンテカルロ法」で
特訓を重ねるAI

ランダムなものでシミュレーションを繰り返す

　「モンテカルロ法」は、乱数（ランダムな数）を用いて、課題を数学的に解決する方法です。答えがあるということは明白ではあるものの、厳密に導き出そうとすると複雑すぎて手に負えない問題を考える際によく使われます。その方法はとてもシンプルです。たとえば、複雑な図形の面積を求める際、「図形とその周辺に大量の米粒をばらまき、図形内外の米粒の数を数える」ということを繰り返せば、米粒の数の比率からおよその面積を求めることができます。モンテカルロ法とは、**ランダムな試行を繰り返すことで、傾向をつかみ、「よりよい答え」や「真の答え」に迫っていく方法**なのです。

　この「ランダムな試行を繰り返す」とは、言い換えるとシミュレーションを繰り返し行うことでもあります。だからこそ、モンテカルロ法はコンピューターに向いているのです。たくさんの可能性を調べつくすことや、膨大な回数の試行を繰り返すことは人間には困難ですが、コンピューターにとっては容易なことです。また、計算の回数を増やすほど、導き出される答えの精度も上がっていきます。

　この考え方を、ディープラーニングなど最新の機械学習技術と組み合せるとどうでしょう。最強の囲碁AI「AlphaGo」（Sec.15 参照）は、学習の最終段階で膨大な回数の勝負をシミュレーション（数百万回の対戦、数億回の盤面評価）し、その結果から「強い手」と「弱い手」を学んでいます。このような方法を「強化学習」といいます。モンテカルロ法を応用した「強化学習」により、ある種の「勝負」のためのAIは飛躍的に性能が向上するのです。

モンテカルロ法でうまく解ける問題

複雑な形の面積

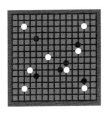

オセロゲームなどの攻略法

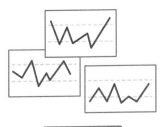

株価の変動予想

天気予報

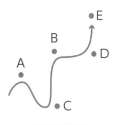

最適な経路

▲さまざまな仮定のもとでのシミュレーションを大量に繰り返すことで、答えを絞り込んでいく。この方法で「ゲームの相手がどういう手を繰り出すか」「どういう道を通れば早く着けるか」など、すべての場合を調べ尽くすことが難しいような問題にも迫れるようになった。

032

職人技の評価関数でチェスの
チャンピオンを破った「Deep Blue」

世界チャンピオンを凌駕したAI

　「Deep Blue」は、IBM が 1990 年代に開発した、チェスをプレイするスーパーコンピューターです。このプロジェクトは、当時世界最強だったチェスプレイヤーのガルリ・カスパロフを打ち破ることを目標にしていました。**「Deep Blue」が持つ最大の特徴は、開発者が調整を重ねた評価関数**です。評価関数とは、ゲームの局面を数値化（評価）する計算式のことです。「この盤面はどのくらい勝てそうか」というスコアを答えてくれるしくみを、開発者が何年もかけて根気よく「調整」して作り上げました。強いプレイヤーによる「勝てる盤面」のスコアを１つ１つ評価関数に計算させ、ちゃんと高い数値が返ってきたら OK、そうでなければ計算式を微調整するのです。気の遠くなるような作業を、開発者がほぼ手作業で繰り返しました。この評価関数を使い、当時としては最高ランクの性能を誇るコンピューターで１秒間に２億手もの先読みをしてベストな手を繰り出す──これが「Deep Blue」の作戦でした。

　「Deep Blue」の開発を通じて私たちが得た財産はたくさんあります。計算処理の高速化のために研究された並列計算の理論や技術は、クラウドコンピューティングの時代になった今、大活躍しています。また、評価関数の調整を通じて、大量のデータから知識を学び取るためのノウハウと困難が多く知られるようになり、これを自動化する技術、すなわち機械学習を研究する機運が高まりました。ディープラーニングに代表される**機械学習とは、評価関数を自動調整する技術**にほかならないのです。

評価関数を利用して次の一手を考える

A のスコア | **52** VS **48** | Aに打ったときの
相手スコア

B のスコア | **48** VS **50** | Bに打ったときの
相手スコア

C のスコア | **50** VS **50** | Cに打ったときの
相手スコア

➞ A がベスト

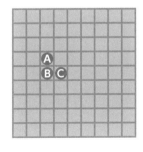

▲手を打ったときにどんなスコアになるかを評価関数を使ってスコア化し、ベストなスコアの場所に手を打つ。

033

人間の脳神経回路を模倣する「ニューラルネットワーク」

人間の脳神経システムをAIに応用

AIはどのようなしくみで学習や判断をしているのでしょうか。最先端のAIでは、「ニューラルネットワーク」というしくみが使われています。これは、**人間の脳を模倣して考案された技術**です。人間が記憶や判断をするとき、脳の中では、無数のニューロン（神経細胞）が互いに結び付き合って信号のやり取りをします。研究者らは1943年、ニューロンを情報が通り抜けていく様子を「形式ニューロン」という計算モデルとして定義し、1957年にはこれを組み合わせた「パーセプトロン」という機械学習モデルを生み出しました。「ニューラルネットワーク」とは、さまざまなタイプの「パーセプトロン」を用いた機械学習技術（Sec.38参照）の総称です。

「パーセプトロン」に与えられた入力信号は、内部の「形式ニューロン」を通過していくうちに少しずつ変化し、最終的に「当たり」か「はずれ」のいずれかが出力されます。つまり、「パーセプトロン」は一種の評価関数です（Sec.32参照）。この評価関数が役に立つかどうかは、「形式ニューロン」同士の結び付き方を自動調整（機械学習）する技術にかかっています。

2000年代後半に入り、ハードウェア・ソフトウェア両面の技術が成熟したことで、「形式ニューロン」を何層にもつなぎ合わせた「多層パーセプトロン」をうまく学習させることができるようになってきました。現在のAIブームを支えている「ニューラルネットワーク」の技術は、「パーセプトロン」の提唱から半世紀に及ぶ研究の積み重ねの上に成り立っているのです。

3 そうだったのか！ AIを生み出す技術

76

ニューラルネットワークのしくみ

ニューロン

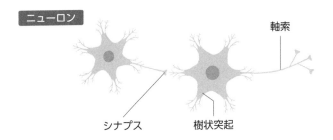

パーセプトロン

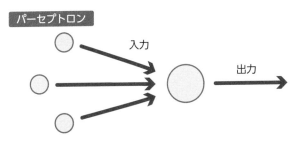

▲ニューロンをモデルとして「パーセプトロン」が考案された。出力が1つのものを「単純パーセプトロン」という。

多層パーセプトロン

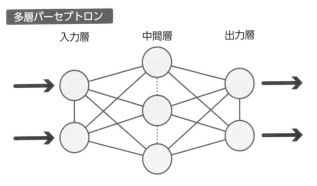

▲単純パーセプトロンをたくさん重ね合わせて、層ごとに機能を持たせた多層パーセプトロン。これがニューラルネットワークに活用されている。

034

生物進化を模倣して解を生み出す「遺伝的アルゴリズム」

生物のような進化をもたらすアルゴリズム

　生物の進化は、交配と突然変異、そして自然環境による厳しい選別（淘汰圧）によって引き起こされます。「**遺伝的アルゴリズム**」は、生物が進化する過程を模倣することで、正攻法では最適解を見つけられないような難問について少しでも優れた解を探し当てる技術です。コンピューター上で何世代、何万世代もの交配を繰り返すことで、人間には思い付けないような「よい答え」にたどり着きます。

　「遺伝的アルゴリズム」では、ある問題に対する解を「個体」と捉えます。「個体」は「遺伝子」と呼ばれる情報を持っており、ほかの個体との「交叉」（交配）や、それに伴う「突然変異」によって、少しずつ姿（形質）の異なる「子孫」の集団を生み出します。こうして生まれた「子孫」の中には、「親」よりも「よい」個体や「よくない」個体が入り交じっていますが、「よい」個体だけを選び出して、さらに次の世代を生み出す「親」とします。こうして次々に「子孫」を生み出すサイクルを繰り返すことで、より「よい」答えを発見していくのです。ただ、実際に「交配」を繰り返してみると、なかなか思うようには「進化」しません。たとえば、すぐに同じ答えに行き着いて膠着状態になり、より「よい」答えに向かうような「進化」が引き起こされなくなります。「突然変異」は、そうした弱点をカバーし、結果の多様性を引き出すためのしくみです。

　私たち人間は、しくみのよくわからない問題を考えるときにあれこれ試行錯誤します。**その試行錯誤の過程に生物の進化のプロセスを取り入れる方法が、「遺伝的アルゴリズム」なのです。**

遺伝的アルゴリズムのしくみ

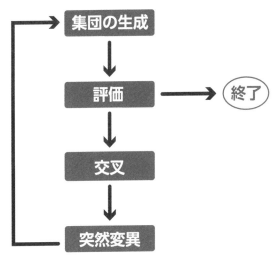

▲集団の生成から突然変異までを1サイクルとして、何回もサイクルを繰り返す。

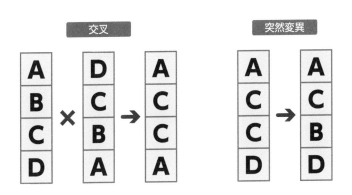

▲遺伝的アルゴリズムでは、種の選択、変数の交叉、突然変異など、生物の進化を模した方法で試行錯誤しながら問題を解いていく。

035

膨大な知識から回答を導き出す 「エキスパートシステム」

専門家いらずのAI

実用化の早かった AI として、「エキスパートシステム」があります。これは、文字どおり専門家（エキスパート）の意思決定を再現しようというものです。

「エキスパートシステム」の歴史は比較的古く、1960 年代の終わり頃には登場していました。「エキスパートシステム」では、まずある分野の専門的な知識を大量に用意し、「もし〜であれば、〜である」といったルールの形でデータベース（知識エンジン）に収めます。**そして利用者からの質問に対し、推論エンジンを使って回答を探す**のです。たとえば「咳と鼻水が止まらないのですが、どうすれば治りますか？」と問われたとき、データベース内に「もし咳と鼻水が止まらない症状があれば、風邪を第一に疑う」というルールがあれば、「エキスパートシステム」はすぐに「まず風邪の治療を試しましょう」と回答するでしょう。しかし、専門知識を集めるのには非常に労力やコストがかかりますし、集めた知識を形式化して推論エンジンで取り扱えるようにする作業の難易度が高く、「エキスパートシステム」の活躍する分野はごく狭いものでした。

この考え方を推し進めた AI としては、IBM が開発した「Watson」が有名です（Sec.14 参照）。「Watson」は自然言語を受け付けることができ、自ら情報を蓄えながら判断を下すという点でエキスパートシステムに近い AI であり、2016 年 8 月には白血病患者の正確な病名をわずか 10 分で判断し、適切な治療法を提示して患者を救うという成果を上げています。

エキスパートシステムのしくみ

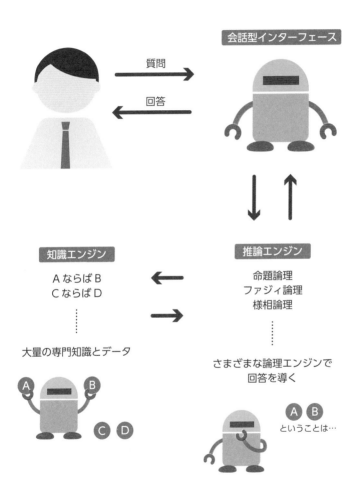

▲エキスパートシステムは知識を蓄える「知識エンジン」と、回答を考える「推論エンジン」で構成されている。

036

「人工無脳」から真の会話を
可能にする「自然言語処理」へ

AIが人間の言葉を"理解"するまで

　特定のキーワードやパターンに反応するだけのチャットボットのことを、親しみと揶揄を込めて「人工無脳」と呼びます。これらはゲームAIに近い存在で、「こういわれたらこう返す」という想定から外れた途端、的外れな応答をしてしまいます。「人工無脳」を本格的なAIと比べたとき、大きく不足しているのが「**自然言語処理**」です。

　本格的な「自然言語処理」を備えたチャットボットなどでは、音声や文字が入力されると、まず形態素（単語）が認識され、続いて構文（文の組み立て）、意味、文脈（前後関係）の順に解析が進められます。これは外国語の初心者が文章を読むときに似ています。文法を調べ、辞書を引いて意味を推定し、前後関係から本当の意味を絞り込んでいくことで、最終的に文章全体の"理解"を目指すわけです。2000年代まではそれらの要素技術を積み上げる時期で、「正しく文法解析できたか」などを研究者たちが競い合っていました。

　ただ、実際の言葉を扱わせてみると、単語から文章全体へと向かう「一方通行」のやり方では、解析の途中で何百通りもの「読み方」を想定する羽目に陥り、処理がパンクしがちでした（曖昧性問題）。ネイティブがするように、前後関係も参考にしながら意味を絞り込んでいくためには、より高度な「機械学習」（Sec.38参照）が必要だったのです。現在、「自然言語処理モデル」といえば、**文章の前後を推定したり、続きの文章を予想・生成したりするAI**のことを指し、Googleの「BERT」、Microsoftの「MTDNN」、OpenAIの「GPT-3」など、最先端の企業や研究グループのAIがその性能を競っています。

AIが文章を理解するには

形態素分析

「吾輩-は／猫-で／ある。名前-は／まだ／無い。」

名詞　　助詞
代名詞　係助詞
一般

形態を解析

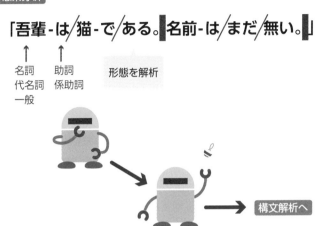

構文解析へ

構文解析

かかる　　　　　　　　　　　　　　　　　　　　かかる

「吾輩-は／猫-で／ある。名前-は／まだ／無い。」

意味解析

「吾輩-は／猫-で／ある。名前-は／まだ／無い。」

①ある人物を他の人や
　事物と区別するために
　付けた呼び名
②氏名。またその苗字を
　除いた部分

▲入力された文は「形態素分析」「構文解析」を経て、いよいよ「意味解析」に進む。さらに、前後の文の意味を踏まえた「文脈解析」ができるようになれば、AIが「文章を理解した」といえる域に達するだろう。

037
AIの知識と記憶を司る「ビッグデータ」

AIの「脳」の一翼を担うビッグデータ

　ビッグデータとは、会社内や個人の端末内などで扱うことが困難なほど、膨大な量のデータの集合体です。そのような極めて大きなデータは、かつては専門的な研究の世界でのみ扱われてきました。たとえば、遺伝子の分析にまつわる研究や、気象に関する研究などは、計測したデータを保存するにしても、シミュレーションをするにしても、巨大なデータが必要となる分野です。

　ビッグデータ時代の到来に拍車をかけた存在として、携帯電話とスマートフォンの普及は外せません。数十億人がスマートフォンを持ち歩くことによって、位置情報などのセンサー由来のデータが凄まじい勢いで積み上がっています。また、インターネットの誕生以来ずっと蓄えられ続けてきた言葉による知識も、「自然言語処理」（Sec.36 参照）の進歩につれ、ビッグデータとして扱えるようになってきます。そうなれば、常識や社会的文脈（Sec.09 参照）を身に付けた AI が活躍するようになるでしょう。**AI は、ビッグデータを「知識」として学習することで、より高度な「知能」となっていくのです**。そればかりか、AI が高度になればなるほど、センサーや「自然言語処理」の技術が向上していくという循環も発生します。

　人間にはとても扱えないような膨大なデータを学習した AI により、人間の誰にも予想し得なかったような法則や理論が次々に発見される、そんな時代がいずれ到来することになりそうです。そして最終的には、AI の能力の全体が人類全体の能力を超える日、つまりシンギュラリティ（Sec.63 参照）が訪れると考えられます。

3
そうだったのか！ AIを生み出す技術

AIとビッグデータ

一般的なデータ

ビッグデータ

▲企業などの一般的なデータベースが手に乗る箱のサイズだとすると、Google検索などで用いられるビッグデータは人よりもはるかに巨大なサイズになる。

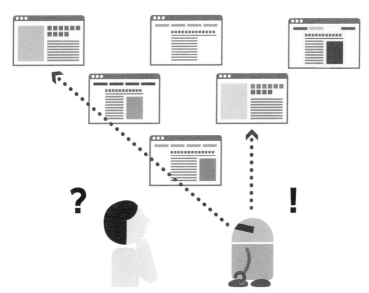

▲人間では処理できないような莫大なデータもAIは処理できる。そして、AIはデータから何らかの関係性を見つけることができるようになってきた。

038
コンピューターに学習能力を与えた「機械学習」

「すべてを自動化したい」という願いをかなえるために

AIなど用いなくても、果てしなく複雑なプログラムを書けば、コンピューターはいくらでも高度な判断をしてくれます。しかし、そのためには、ルールを正確・簡潔にまとめる職人技が必要です。たとえば、「3」の字の認識装置を作るとしたら、入力画像を分析して図形的特徴を数値化し、それが正しい「3」の図形的特徴に近ければ「Yes」と回答するようなルール(評価関数)を、開発者が知恵を絞って書きます。「特徴の重み付け」などの"設定"は、試行錯誤によって最適化します。**さまざまな画像を判定させて正解率を調べる「テスト」を繰り返し、よい"設定"を探すのです。**人間の経験に基づくこのような知見を、ヒューリスティクスといいます。

「機械学習」とは、**詳細なルール(ヒューリスティクス)を与える代わりにデータだけを与え、それをもとに評価関数を自動調整させる技術**です。まず、正解率が最高になるような"設定"をプログラム自身に探させる「教師あり学習」の技術が生まれました。判断に役立つ特徴を自動検出する「特徴抽出」も発達しました。その背後では、「教師なし学習」が生きています(Sec.23参照)。問題分野によっては、プログラムが自ら課題を作って「テスト」と調整を繰り返す「強化学習」も使われます(Sec.15参照)。

今のところ、学習を成功させるためにはデータサイエンティストによる調整が欠かせません。しかしそれすら自動化するための機械学習フレームワークが次々に開発されています。AI研究の歴史は、人間がしてきた判断を1つ1つ自動化する挑戦の歴史なのです。

3

そうだったのか！AIを生み出す技術

「教師あり学習」と「強化学習」のイメージ

教師あり学習

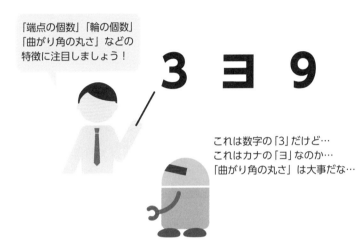

「端点の個数」「輪の個数」「曲がり角の丸さ」などの特徴に注目しましょう！

これは数字の「3」だけど…
これはカナの「ヨ」なのか…
「曲がり角の丸さ」は大事だな…

▲お手本に近いものと遠いものの区別を学んでいく。正解率が高くなるように、「特徴の重み付け」（どの特徴をどのくらい重視するか）などの"設定"が自動的に調整されていく。

強化学習

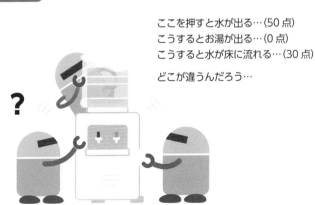

ここを押すと水が出る…（50点）
こうするとお湯が出る…（0点）
こうすると水が床に流れる…（30点）

どこが違うんだろう…

▲AIが自ら試行錯誤を重ね、成功する行動と失敗する行動の違いを学んでいく。

039
「ディープラーニング」が
AIを変えた!

AIが人間の脳のように思考できるようになった

　「ディープラーニング」とは、ニューラルネットワーク（Sec.33参照）を利用した機械学習の技術で、2010年代に入ってもっとも注目されているものです。3層以上に積み重ねられたニューラルネットワークにデータを流し込み莫大な量の計算を繰り返して学習させると、非常に高精度の分類器（判定装置）ができ、**画像認識などの分野で飛躍的な性能向上をもたらしました**。どのような構造のニューラルネットワークを使うかで、得意分野が異なります。有名なものを2つ紹介します。

　1つ目は「畳み込みニューラルネットワーク」です。これは人間の視覚を真似たもので、初期のパーセプトロンの「直系の後継者」にあたります。網膜に近い細胞で図形の輪郭が認識され、脳に近付くにつれて物体の分類が進んでいく様子を、順伝播型（入力層から出力層に向かう一方通行）で信号を流す構造によって再現しています。画像分類や手書き文字認識のほか、声紋分析などの分野でも活躍しています。

　2つ目は「再帰性ニューラルネットワーク」です。これは順伝播型ではなく、信号が途中の層をぐるぐると何度も通過する構造です。順伝播型のニューラルネットワークは1個の入力から1個の出力（判定）を導くものですが、「再帰型ニューラルネットワーク」では、少し前に流れていった信号の影響が途中の層に残存し、出力に影響を及ぼします。この構造は、文章、音声、動画など、データの順序（前後関係）が重要な意味を持つような課題分野に適しています。

3

そうだったのか！ AIを生み出す技術

88

「ディープラーニング」のイメージ

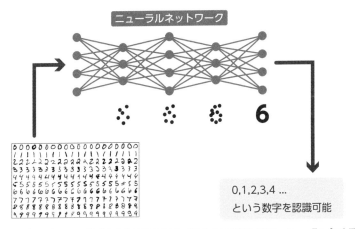

▲ディープラーニングでは、初めに膨大なデータを入力して学習させる。ニューラルネットワークの階層を経ていくに従って、AIはより認識を深めていく。

「畳み込みネットワーク」と「再帰性ネットワーク」

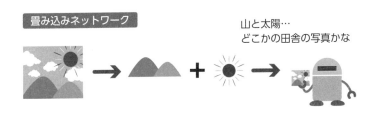

▲ニューラルネットワークの構造によって得意とする分野が異なる。

040

今までの機械学習と
ディープラーニングは何が違うのか?

ニューラルネットワークの歴史的復権

ディープラーニングも機械学習（Sec.38 参照）の 1 つで、ニューラルネットワーク（Sec.33 参照）を用いるのが特徴です。ほかの機械学習とどう違うのでしょうか。

端的にいえば「精度が高い」の一言なのですが、「自動化」という観点からの重要な進歩もあります。機械学習を始めるときには、「どのような尺度（特徴）に注目して学習すべきか」を人間が教えてやるのが基本でした。たとえば住宅物件の価値を判定するとき、人間なら「広さ」「築年数」「駅からの距離」などの項目を真っ先に考えますが、その項目を開発者が指示してやる必要があるということです。この指示自体を自動化（特徴抽出）するには高精度の「教師なし学習」（Sec.23、38 参照）が必要ですが、ディープラーニングを使うとこの課題をクリアできることがわかったのです。2012年に「AI が画像群から猫の概念を取り出した」と報じられたのは、そのことを指しています。提唱から 70 年、ヒトの脳を模したものであるがゆえに多くの研究者や SF 作家のロマンや憧れを集めつつ、実用には程遠いアイディアとされて何度も見捨てられ、暗黒時代の辛酸をなめ続けたニューラルネットワークが、一気に時代のトップに躍り出ることになりました。

ディープラーニングにより、人間がしていた仕事がまた 1 つ自動化され、「自分で学ぶ AI」への道が切り開かれました。**それまでの技術では手に負えなかったことを、できるようにした、大きな技術的発展なのです。**

今までの機械学習とディープラーニングの違い

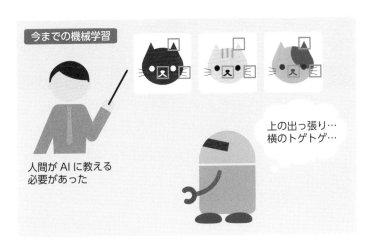

今までの機械学習

人間がAIに教える
必要があった

上の出っ張り…
横のトゲトゲ…

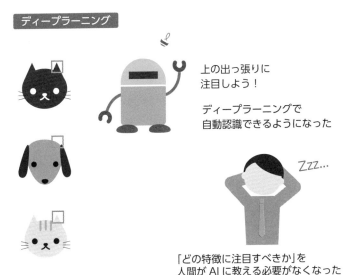

ディープラーニング

上の出っ張りに
注目しよう！

ディープラーニングで
自動認識できるようになった

Zzz…

「どの特徴に注目すべきか」を
人間がAIに教える必要がなくなった

▲ディープラーニングでは、AI自らが概念を抽出することができる。

3

そうだったのか！ AIを生み出す技術

041

ディープラーニングを可能にした
コンピューターの進歩

インターネットとクラウドコンピューティング

　ディープラーニングを支えるニューラルネットワークの枠組み自体は、1960年代には機械学習法の1つとしてすでに確立していました。ではなぜ近年になってここまで目覚ましい成果を上げるようになったのでしょうか。

　まず、**インターネットの普及**が挙げられます。AIを学習させてその性能をテストする過程では、大量のデータを与え、その反応を観察し、高精度を実現するためにどうすればよいのか、試行錯誤をします。インターネットが普及することで、学習に用いるデータ（訓練データ）が手に入りやすくなりました。ビッグデータ（Sec.37参照）は今後、AI研究の鍵になっていきます。

　そして、**「計算資源」の調達が容易になった**ことも大きな要因です。学習の成果を高めるには少しでも多くの計算をすることが大切ですが、必要な「計算資源」もそれにつれて膨れ上がり、これが時間面・費用面のハードルになります。計算時間はどんどん長くなるし、記憶装置や電力も多く必要になるのです。そのハードルが、クラウドコンピューティングの普及によって低くなってきました。スーパーコンピューターを自前で建造できるような裕福な機関でなくても、離れた場所にあるコンピューターを一時的に借りて大量の計算をさせるようなことが身近になってきたのです。

　また、**研究者たちの「粘り」**も忘れてはなりません。機械学習は、たびたび見捨てられた分野でもあるのです。しかし、長期的視野で研究を続けた人々がいて、機が熟した今につながっています。

コンピューターの進歩とAIの進歩

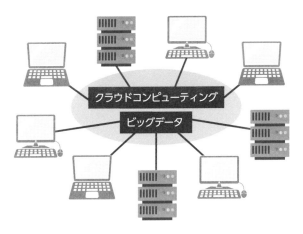

▲インターネットの発達とクラウドコンピューティングが合わさることで、処理能力が大幅に向上した。

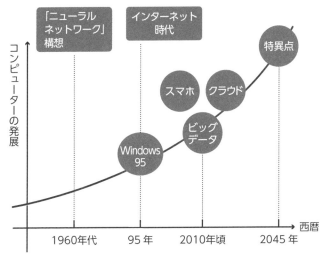

▲ディープラーニングは、それを支える周辺技術の発達によって、現在大きな成果を見せ始めている。

042

「弱いAI」と「強いAI」

やがてはAIはAGIへ

AIの分類方法として、哲学者ジョン・サールが提唱した「弱い
AI」「強いAI」という考え方があります。「弱い」「強い」とは、
判断の速度や正確さの話ではありません。

**「弱いAI」とは、人間のような幅広い経験と知能を持っている
わけではないが、特定の問題を解決することのできるAI**です。現
在実用化されているAIは「弱いAI」であり、チェスチャンピオ
ンに勝利した「Deep Blue」や、IBMの「Watson」なども「弱い
AI」に分けられます。一方**「強いAI」は、人間のように自ら外界
を認識し、自意識さえ持つようなAI**のことです。問題を解くだけ
でなく、行動や問題解決の計画を立てたり、将来を予測したりする
ことができるものとされています。「人工知能」という言葉の辞書
的意味に近い存在ですが、まだ実現しそうにありません。

現在では「弱いAI」の研究開発がさかんに行われていますが、「強
いAI」の実現を目指す研究も続けられています。「強いAI」の研
究としては、たとえば、人間の知的能力をすべてコンピューターで
実現することを目指す「人工汎用知能（Artificial General
Intelligence：AGI）」という分野がありますが、今すぐ実用化され
て話題になることはないでしょう。ただ、現在のAI研究ブームが
続けば、数十年以内には「強いAI」が普及して、自らの性能を無
限に高め続けるようになり、やがて人類全体の知能を上回ると考え
られます（シンギュラリティ、Sec.63参照）。そのとき、社会は一
変することになるでしょう。

ジョン・サールが提唱した弱いAIと強いAI

弱い AI

・与えられた課題の範囲外のことは
　考えられない
・問題解決のための最適な方法を選択する
　ことはできるが、新たな方法を自ら
　編み出すことはできない

強い AI

・外の世界を観察し、
　知識を取り込んで成長する
・問題解決の手段を探ることができる

AGI

人間と同じ知的能力を備え、人間の代わり
になることができる汎用人工知能

▲ジョン・サールは、乱立しがちな「AI」の概念を整理したといえる。

3　そうだったのか！ AIを生み出す技術

043

「フレーム問題」
～考えすぎてしまうAI

視野は狭すぎても広すぎてもダメ～ AIのジレンマ

　AIが抱える技術的な問題として、「フレーム問題」があります。このフレームとは「枠」、「額縁」、映画の「コマ」のニュアンスです。**「どのくらいの範囲の事柄を考慮すべきか」を事前に決めておくのは難しい**、ということを指摘したものです。

　有名な例題を見てみましょう。ロボットのバッテリーが洞窟の中に置かれています。バッテリーがなければロボットはやがて動けなくなってしまうので、ロボットにバッテリーを取りに行くように命令します。すると、たとえバッテリーに爆弾が括り付けられていたとしても、ロボットは命令に従ってしまいます。もし、このロボットがAIを備えているとし、「バッテリーを持ってくると何が起こるかをよく考え、それから行動せよ」と命令してはどうでしょう？ロボットは思考（予測）をし始めます。するとしばしば、バッテリーを洞窟から持ち出しても洞窟の強度に影響がないか、近くの生物はどうなるか…と「風が吹けば桶屋」レベルのことまで想定して無限に深く考え始め、その計算が終わらずに動けなくなってしまいます。

　人間であれば、問題の核心に近そうなことと遠そうなことを自然に判断できますが、これは経験から学んだものです。AIが初めからそのような経験や常識を備えてはいることはありえません（Sec.09参照）。赤ん坊が少しずつ世界を知るように、AIが段階的に「経験」を積んでいくような技術が確立すれば、この問題は大幅に解決すると考えられます。なお、現時点では、**事前に開発者が「考慮すべき世界の範囲」を限定する**ことでフレーム問題を回避しています。

フレーム問題に対するダニエル・デネットのたとえ

ロボットはバッテリーを洞窟から取り出さないと動けなくなってしまう
→ 「バッテリーを取ってこい」と命令する

ケース①

ロボットはバッテリーを持ってきたが、爆弾も同時に持ってきたので失敗してしまう
→ バッテリーを持ってきたらどうなるかを考えさせる

ケース② 動かない

ロボットはバッテリーを持ってきたら何が起きるのかを無限に考えてしまう
→ 無関係なことを排除して考えるよう指示

ケース③ 動かない

→ ロボットは何が無関係なのかを無限に考えてしまう

▲AIに命題に関する出来事を判断させようとすると、無限に思考してしまう。

044

「シンボルグラウンディング問題」
～AIは記号と意味を結び付けられるのか

AIは「猫」を"理解"する?

　人間は、ものの名前（シンボル、シニフィアン）を見れば、その意味や特徴（概念、シニフィエ）を瞬時に思い付くことができます。たとえば、「猫」という単語は、猫の外見や鳴き声、触り心地や品種の違いなど、人間が実世界で体験するさまざまな事物と結び付いています。しかし**そうした体験を持たないAIにとって、記号と概念を結び付けることは困難**です。これを「シンボルグラウンディング問題」と呼びます。人間における例としては、ヘレン・ケラーが「水」の概念を知った瞬間のエピソードがとても有名です。視覚も聴覚も使えない6歳のヘレンに、家庭教師が指文字を何度も握らせて教え、ものには名前があることに気付かせたという話です。

　「その瞬間」を迎えたAIは、まだ存在しないと考えられています。猫の外見や鳴き声などの情報をAIに持たせてやることは、現在の技術でも可能です。しかしそれらは、人間が説明を補ってやらない限りバラバラの観測データに過ぎません。いわば、百科事典の断片です。

　このため、概念と概念を結び付けて新しい概念を生み出すようなことが今のAIは苦手です。人間なら「シマウマ」といわれれば、すぐに「縞」と「馬」の組み合わせを思い付きますが、AIにとってそれは遠いゴールです。「シマ」という情報が模様の「縞」であることも、一般的な馬の模様が「縞」ではないという知識も、百科事典の断片からではなかなかたどり着けないのです。ここを乗り越えるためには、「自ら常識を身に付けるAI」の登場を待たねばならないでしょう（Sec.09参照）。

そうだったのか! AIを生み出す技術

言葉と意味の結び付きは「人生経験」に裏付けられている

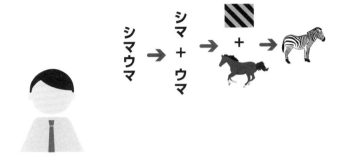

人間の思考

シマウマ → シマ ＋ ウマ → ＋ →

・名前と概念が深く結び付いている
・さまざまな周辺情報を五感や経験から想像できる
→合成語の意味内容を容易に推理できる

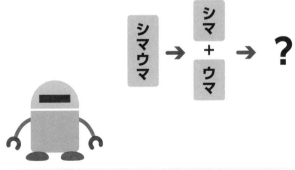

AI の思考

シマウマ → シマ ＋ ウマ → ？

・関連性の高いものを集める（概念を見つける）ことはできる
・概念を根拠付ける情報に厚みがない
→ 合成語の意味内容を推理できない

▲AIは明確な条件や定義なしに、「シマ」「ウマ」という言葉から「シマウマ」をイメージできない。

Column

3Dディープラーニング研究を 加速させる「Kaolin」

2019年、GPU（画像処理用の半導体部品）で知られるNVIDIAが、PyTorch用ライブラリ「Kaolin」を公開しました。NVIDIAはこれを「3Dディープラーニングの研究を加速するもの」と位置付けています。なお、PyTorchは機械学習システムの構築を助けるオープンソースライブラリで、研究者や開発者に広く使われているものです。

2D画像を対象とした機械学習はブームの真っ最中で、研究・開発のための支援ツールがすでに充実しています。しかし3Dモデルをディープラーニングに取り込もうとすると、データを数値化する方法などを各研究者が1から設計しなければなりませんでした。「Kaolin」はこの工程を大幅に効率化してくれます。ロボット工学、医療用画像処理、ARやVRなど幅広い分野の研究で活躍しそうです。

NVIDIAは、3Dディープラーニングの応用例として、3Dシーン内に散らばったアイテムの自動識別、3Dモデルのパーツ分解（アニメーション制作の際に必要な工程）、2D画像からの自動3Dモデリングなどの刺激的なアプリケーションを「Kaolin」に添付しています。

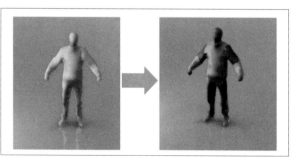

https://blogs.nvidia.co.jp/2019/11/27/kaolin-library-research-3d/

チャンスを逃すな!
AIビジネス活用の最前線

045

AIは第四次産業革命!
30兆円市場を生み出す?

次の産業革命のカギとなるAI

　産業革命は、過去に三度起こりました。一度目は蒸気機関の発明がきっかけで、産業の効率化による社会の変革がもたらされました。二度目の産業革命では、エンジン（内燃機関）が作られました。そして、三度目の産業革命と目されているものが、IT 革命です。コンピューターが生活やビジネスの細部にまで浸透し、効率化や品質向上につながっただけでなく、人と人とのコミュニケーションの在り方が大きく変わりました。では、次の産業革命とは何でしょうか?

　2016 年 5 月、安倍総理が打ち出した成長戦略は「第四次産業革命」と銘打たれ、「IoT」「AI」「ロボット」「ビッグデータ」の 4 要素が、この革命を牽引するものとされています。IoT によって「実社会のあらゆる事業・情報が自由にやり取り可能」となり、AI が「自ら学習することで人間を超える高度な判断」を行い、ロボットによって「多様かつ複雑な作業についても自動化が可能」となり、ビッグデータは「集まった大量のデータを分析し、新たな価値を生む形で利用可能に」なるというのです。これらは私たちの産業構造を劇的に変化させる可能性があり、市場規模は 30 兆円とも、86 兆円ともいわれています。

　今後、業界・業種を問わず、この 4 要素が産業に深く入り込み、欠かせないものになっていくとみられます。そのとき、AI はほかの 3 つを束ねる要というべき存在になります。IoT を「センサー・器官」、ロボットを「身体」、ビッグデータを「知識」とたとえると、AI はそれらを統合する「知能」なのです。

第四次産業革命を牽引する4つの要素

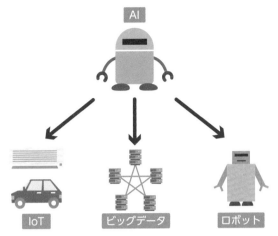

▲「第四次産業革命」はドイツが目指す産業の高度な効率化戦略である「インダストリー4.0」をもじったもの。「IoT」「AI」「ロボット」「ビッグデータ」が、この革命を牽引する。

第四次産業革命に期待できること

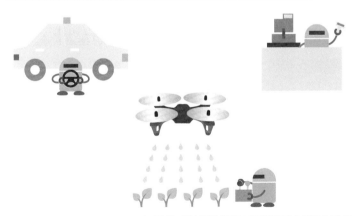

▲第四次産業革命により、ドライバー不足に悩む運輸業界は自動運転車の恩恵を受ける。小売業界では腕のいい販売員に代わり、顧客の好みそうなものをレコメンドする機能が当たり前になり、消費を伸ばすことができる。高齢化が進む農業では、自動操縦のドローンが大きな手助けになる。

046

AI開発に莫大な投資を行う世界的大企業

AIには目指すべき未来がある

　「FAMGA」と呼ばれる世界的な IT 企業、Facebook、Apple、Microsoft、Google（Alphabet）、Amazon は、競い合うようにして、AI 開発に巨額の投資をし続けています。世界の IT 産業を牽引する企業が、なぜ AI にこだわるのでしょうか？

　たとえば Facebook は、人と人のコミュニケーションをさらによいものにするために、人間より優れた視覚や聴覚を AI に持たせたいと考えています。Google は、検索エンジンに技術革新を起こしました。広告ビジネスで利益を上げつつ、AI に投資し、さらに世の中を作り変えたいと考えています。また、Facebook と Google は、インドのデジタル化支援のためにも投資を行っています。インドは人口が多く、インターネットや最新テクノロジーが発展すれば、世界に大きな影響を及ぼすことができると考えているからです。**彼らが想定する未来には AI が必須であり、今後も世界のキープレイヤーであり続けるためには、AI 開発を推進するしかないのです。**

　実際、最新テクノロジーに注力する企業は大きく成長してきましたし、今後も成長を続けると考えられます。ここ数年、「FAMGA」は世界時価総額ランキングで常に上位にランクインしています。逆にいえば、テクノロジーを生み出すことも使いこなすこともできない企業は置いていかれます。コンピューターの父といわれるアラン・ケイは「未来を予測する最善の方法は、それを発明することだ。」という、今日のテクノロジーカルチャーを支える名言を残しました。彼らは、その言葉どおりに進んでいるのです。

AIという「未来」を目指して進んでいく企業たち

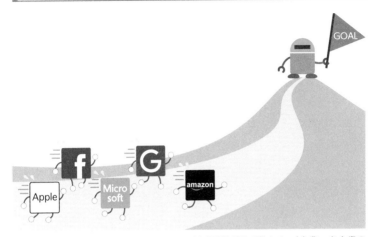

▲自らが想定した未来を実現するために、AIが必要だと信じて進んでいく企業。各企業の目指す先は異なるが、共通しているのは未来に「AI」があるということ。

世界時価総額ランキングはIT企業が上位を占める

順位	企業名	時価総額 （億ドル）	国名
1	Apple	9644.2	アメリカ
2	Microsoft	9495.1	アメリカ
3	Amazon	9286.6	アメリカ
4	Alphabet（Google）	8115.3	アメリカ
5	Royal Dutch Shell	5368.5	オランダ
6	Berkshire Hathaway	5150.1	アメリカ
7	アリババ	4805.4	中国
8	テンセント	4755.1	中国
9	Facebook	4360.8	アメリカ
10	JP モルガン・チェース	3685.2	アメリカ

▲平成最後の世界時価総額ランキングを見ると、AIなどの最新テクノロジーに注力している「FAMGA」がトップ10入りしている。
参考：Yahoo!ファイナンス（https://stocks.finance.yahoo.co.jp/）

047

経済産業省が進める「デジタルトランスフォーメーション」とは?

IT技術でビジネスプロセスを創造・再構築する

　経済産業省は「デジタルトランスフォーメーションに向けた研究会」を2018年5月に設置しました。「デジタルトランスフォーメーション（Digital Transformation：DX）」とは、**産業界がデジタル技術を隅々まで受け入れ、根底から変質したり再構築されたりすること**です。いわゆる「FAMGA」は、ICTを活用した新しいサービスを、そこで必要とされるテクノロジーごと生み出し続けていますが（Sec.46参照）、それにつれ、ユーザー企業（技術を利用する側の事業者）も無変革ではいられなくなりつつあります。国の研究会は、全産業界がやがて「DX」を迫られることを念頭に置いて、課題を予測し、時流を味方につけ、戦略的に付加価値を生み出すための知見を蓄えておこうという目的で作られたものなのです。

　たとえば、オーダースーツを扱うFABRIC TOKYOでは、数十か所に及ぶ詳細な採寸を店舗で行う関係上、手書きのメモが欠かせません。従来はこれを15分かけて手入力していましたが、文字認識AIを導入することで、月180時間もの労働時間を削減しました。また、埼玉高速鉄道では、IoT機器を搭載したデジタルサイネージ「ダイナミックビークルスクリーン」を導入し、車内の状況に応じて広告コンテンツを選択するだけでなく、インプレッション数（視聴回数）ベースで広告枠を販売できるようになりました。

　「DX」でもたらされるデジタル化は、一昔前の「OA化」「IT化」よりはるかに深い変革です。あらゆる業種で、現場のワークフローが大きく変わったり、サービス品目が刷新されたりしていくのです。

デジタルトランスフォーメーションとは

| 手段 | 実施事項 | 対象 | 目的 |

D
Digital
デジタルで

{
会社を
ビジネスを
製品・サービスを
業務プロセスを
組織・精度を
文化・風土を
}

X
Transformation
変革する

競争上の
優位性を
確立・維持する

▲経済産業省によると、デジタルトランスフォーメーションとは、「企業がビジネス環境の激しい変化に対応し、データとデジタル技術を活用して、顧客や社会のニーズをもとに、製品・サービス、ビジネスモデルを変革するとともに、業務そのものや、組織、プロセス、企業文化・風土を変革し、競争上の優位性を確立すること」とされている。
出典：ITR「DXとは」

デジタルトランスフォーメーションの進展

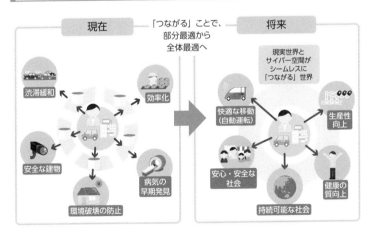

▲デジタルトランスフォーメーションが進展することにより、特定の産業や分野、企業内のみで最適化されていたシステムや制度などが、社会全体にとって最適なものへと変貌すると予想される。
出典：総務省「我が国のICTの現状に関する調査研究」

048

AIで加速する働き方改革

AIを活用した働き方改革の事例

　厚生労働省による定義では、「働き方改革」とは、働く人々がそれぞれの事情に応じた多様な働き方を選択できる社会を実現するものです。**しかし、2019年4月のスタート以来、「労働時間を短く」との側面が報道で誇張されたため、「人手不足」の問題と一続きに論じられがちなところがあります。実際、「働き手を増やす」「労働生産性を上げる」などの対策を取ることなしに改革を断行すれば、企業の生産力は落ちてしまいます。**

　この問題を、AIの活用によって解決しようとしている企業が出てきています。日本マイクロソフトでは、社員の働き方に関するビッグデータをAIが分析し、ふさわしい働き方を示唆してくれるツール「MyAnalytics（マイアナリティクス）」を導入しています。これにより、非効率や無駄を可視化し、3ヶ月間で3,580時間もの業務時間を削減しました。新型コロナウイルスに挑む医療機関では、AIによる問診システムの導入が始まっています。問診票の内容をAIに整理させることで、診療受付を可能な限り自動化したり、医師・看護師によるカルテ記入の負担を軽減したりできるうえ、人と人との対面時間が減るので感染リスクを下げる効果も期待できます。

　AIを活用した「働き方改革」は、人間の労働者を単にAIで置き換えていくのではなく、労力を要する業務をAIに任せてマンパワーを補い、より専門性の高い仕事に人間が集中できるようにするというものです。AIをうまく活用すれば、人間の働き方を自由にしつつ、生産性も引き上げることができるかもしれないのです。

働き方改革とは

人口の減少による労働力不足

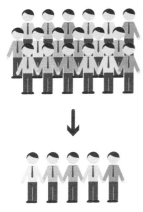

労働力不足解消のための課題

出生率の
向上

働き手を
増やす

労働生産性の
向上

**AIによって解決できる
可能性が高い**

▲人口の減少に伴い、将来的に労働人口が減り、結果労働力不足が懸念される。それを解消するためには、「働き手を増やす」「労働生産性を上げる」「出生率を上げる」といったことが課題とされている。業務にAIを取り入れることで、この課題が解決されることが期待できる。

働き方改革にAIを活用している企業

MyAnalytics

作業中に個人の生産性に関する
分析情報を入手する

AI問診Ubie

▲日本マイクロソフトでは、「MyAnalytics」で社員の働き方を分析し、不要な時間を削減することに成功している。医療機関では、「AI問診Ubie」などのウェブ問診票システムが医療従事者の負担軽減、ウイルスの感染対策などに役立っている。

049

最先端AIは
誰でも無料で利用可能!

最先端のAIはオープンソース化されている

　「オープンソース」という言葉を聞いたことはないでしょうか。オープンソースとは、プログラムなどに使用されているソースコードを公開し、誰でも自由に利用、改変できるように取り決めておくことです。オープンソースの利点はなにより、**世界中の技術者が開発に参加してくれる**点にあります。

　エンジニア向けに用意されたプログラムの部品集を「ライブラリ」と呼びますが、2015 年頃以降、IT 大手が次々とディープラーニングのためのライブラリをオープンソースとして発表しています。Google の「TensorFlow」 を 皮 切 り に、Microsoft の「Microsoft Cognitive Toolkit」、バイドゥの「PaddlePaddle」などが続きました。

　「せっかく自社で作った AI を無料公開してしまったら、AI がもたらす利益を独占できなくなるのでは?」と心配する必要はありません。これらのソフトウェアは、AI の入れ物、あるいは AI を作るための道具に過ぎないからです。AI を「知能」として活用し、高度な判断をさせるためには、まず学習させて「知識」を与えてやらねばならないのです。そのためには、良質かつ大量の知識(訓練データ)が必要です。また、現時点では学習そのものを完全自動化できていないので、データサイエンティストの力も欠かせません。

　オープンソースのライブラリのおかげで、世界中の利用者は手軽に AI を開発するチャンスを得ます。ライブラリを公開した企業は、世界中の利用者からフィードバックを得ます。当面は、この Win-Win の関係が続くとみられます。

オープンソースAIは、誰でも利用可能

TensorFlowの特徴

・どんなマシンでも作動する
・記述が柔軟
・グラフ化して表示できる

Microsoft Cognitive Toolkitの特徴

・高速な動作
・複数サーバーを同時に利用可能
・音声認識技術に利用されている

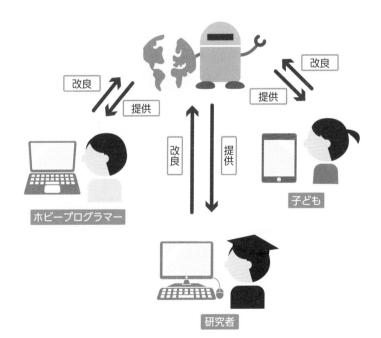

▲オープンソース化によって、誰でも利用できるだけでなく、さらに進化をするAI。公開する企業にも恩恵がある。

050
個人や中小企業でもできる!
AIの利用方法

AIが活用するビッグデータは身近なところにある

「知能」であるAIを活用するには、AIの「知識」となるデータが必要です。「AIを活用してみたいけど、データをどうやって用意すればよいかわからない」という方もいるかもしれませんが、実は身近なところにさまざまなデータが蓄積されているのです。

オフィスでは、毎日たくさんのデータのやり取りがあります。顧客データ、顧客との通話記録や通話の内容、メールの送受信、書類、金銭のやり取り、出退勤記録……それら**すべてを収集していくことで、そのオフィス独自のビッグデータを作ることができます**。たとえば、顧客への提案書を作る際、過去にどのような提案をして何が通ったか、そのときの顧客の状態がどうだったのか、先方の担当者は誰だったかなどの記録の蓄積があれば、そのビッグデータから学習したAIが、次にどのような提案を繰り出せば最適かを予測してくれるようになるでしょう（Sec.52参照）。

個人レベルでは、Apple Watchのようなスマートデバイスが日々の健康状態を収集してクラウドのAIに送信し、健康管理をしてくれるようになるでしょう。あるいは、メールなどのやり取りや通話履歴をAIが読み取って、「今夜、お友達とゴハンですよね。太り気味なので食べすぎは厳禁ですよ！　雨の予報が出ているので、傘を持って行かれては？」などと、外出時に玄関マットや傘立てなどが話しかけてくるようになるかもしれません。**私たちの仕事や生活がAIなしに成立しない時代は、もうすぐそこに迫っている**のです。

行動はすべてIoTでつながり、ビッグデータに

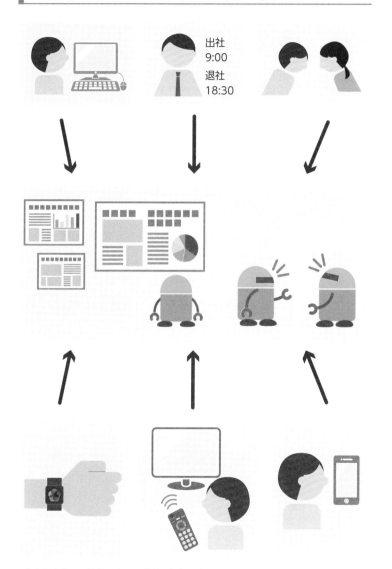

▲自宅や会社での情報がすべて「ビッグデータ」となることで、AIが利用可能に。何もしなくてもあなたのことを理解してくれるAIというパートナーが生まれるだろう。

051

「ラズベリーパイ」で
IoT機器が自作できる

機械学習を用いてIoTデバイスを作成

　IoT 技術が発達し、家具や家電、インフラ、自動車などをインターネット経由で管理・制御できるようになってきました。工場の生産管理などの自動化・効率化も加速しています。**IoT を活用するためには、センサーやネットワーク機能を備えた機器、つまり IoT デバイスを用意しなければ始まりません。**室内にいる人の体温を監視するもの、寝室の子どもの動きを検知して保護者に通知するもの、水回りのトラブルを発見して警告するものなど、そのシステムの末端には必ず IoT デバイスがあります。このような IoT デバイスを新たに開発するには、どのくらいのコストがかかるのでしょうか。

　あえて材料費だけを考えるなら、その答えは「1 個あたり数千円」です。市販の Web カメラと「**ラズベリーパイ（Raspberry Pi）**」があれば、画像認識の AI を動作させることで、幅広い IoT 機器を作ることができます。ラズベリーパイは、手のひらサイズの基板上に一般的なコンピューターの機能をすべて搭載した製品です。もともとは教育現場への大量導入を目指して作られたものですが、小型かつ低消費電力の設計が IoT デバイスに適しており、業務用機器をオーダーメイドする目的で活用されているほか、ホビープログラマーが趣味で家庭用機器を製作するために使われることもあります。必要な知識と技術は、オープンソース OS「Linux」の扱い方、かんたんなプログラムの書き方、そして AI を作るための機械学習ライブラリ（Sec.49 参照）の使い方です。試行錯誤しながら「DIY」や「自由研究」をするのにもちょうどよい難易度だといえます。

ワンボードコンピューターのラズベリーパイ（Raspberry Pi）

▲Raspberry Pi財団が開発と販売を行っている小型コンピューター。手のひらサイズの基板にコンピューターの基本機能一式とさまざまなインターフェイスが搭載されており、市販されている周辺機器を接続して自在に機能を拡張することができる。

ラズベリーパイ×機械学習でIoTデバイスを作れる

画像分析

・人がいるか
・明るさ
・水滴の有無
・ドアや窓の開閉

ラズベリーパイ　　　Webカメラ

トラブルの通報

子どもの帰宅を家族に通知

OFF / ON ネット対応家電を操作

▲ラズベリーパイとWebカメラさえあれば、「目に見える現象」を扱うAIカメラ（人感センサーや水濡れセンサーなど）をDIYで作ることができる。もちろん、温度・湿度センサーや二酸化炭素センサーを別途つなげば、空調や換気を管理することもできる。

052

営業の相棒としてAIを活用する

AIは優秀な営業アシスタント

CRM（Customer Relationship Management：顧客管理）、SFA（Sales Force Automation ／ Assistant：営業支援システム）とは、企業の販売活動（いわゆる営業部門の仕事）を強化・効率化するITツールです。今、この分野でAIが活躍し始めています。AI（機械学習）の最大の特長は、「**複雑なことを高精度で予測する能力**」の高さです。AIを備えたCRM・SFAは、ビッグデータや販売履歴をもとに、各「見込み客」ごとに今後の展開を予測します。そして、「今商談に持ち込める確率」や「近いうちに成約する確率」の高いものを見つけ、先回りして提示してくれるのです。送信するメールの文面やタイミングを提案してくれるものもあります。このような機能に比較的早い時期から力を入れていたツールとしては、Salesforce.com の「Sales Cloud」、Zoho の「Zoho CRM」、そして日本のマツリカが提供する「Senses」などがあります。

販売（営業）の現場では長らく、「とにかく提案し続けて件数を稼ぐ」という姿勢こそが正義で、「営業とは断られる仕事だ」といわれるほどの風土でした。そのため、「脈のない相手に対して押しすぎてしまう」という失敗も起きがちでした。これからは、**AIによる客観的分析を併用し、「撤退」や「譲歩」の選択肢も自信を持って選べるようになるでしょう。**

このように、ITとは縁の遠そうな職種にも、AIを活用した効率化、強化、構造変化の波が訪れ始めています（Sec.47 参照）。経験や感覚がものをいう分野だからこそ、AIが活躍するのです。

クラウドを活用してAIで営業業務をサポート

Sales Cloud

Zoho CRM

▲AIによる営業支援ツール「Sales Cloud」と「Zoho CRM」。企業内で得られたビッグデータを活用し、営業マンの負担を減らす。

未来の営業マンの相棒はAI

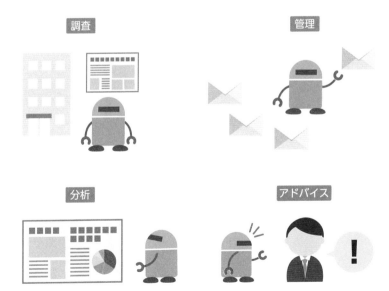

調査　管理

分析　アドバイス

▲AIが相手企業の調査をし、メールなどのやり取りを管理、さらには担当者の行動を分析してアドバイスを与えてくれるようになるかもしれない。

053

人事の業務や課題を
「HR Tech」で解決

いよいよ人事もオンライン化、そのときAIは何をもたらす?

　「HR Tech」とは、人事・人材（Human Resources：HR）と技術（Technology）を組み合わせた造語の略で、いわゆる人事部の仕事を支援する IT ソリューションのことです。採用面接や社員管理などの現場では、「人と対面する」ことが重視されるためか IT 化が進みにくく、事務作業を効率化するツールが利用される程度でした。最近では、**最適な人材配置を AI が提案するサービスや、ミーティングの発言状況を分析して社内教育に役立てるツール**が普及し始めています。また、感染症が蔓延した 2020 年以降、あらゆる業務分野でリモート化の道を模索せざるを得なくなり、結果として「HR Tech」の本格導入を考える企業が多くなったようです。

　このまま AI の普及が進めば、採用面接や人事考課も自動化できると思われます。しかし、求職者の多くは「機械が人を採点する」ことに嫌悪感を抱きますし、日本アイ・ビー・エムでは「Watson」を利用した人事評価をめぐって争議が発生しています。AI にとって人事部門は、社会的意味で鬼門なのでしょうか。

　オンライン面接ツール「HARUTAKA」を提供する ZENKIGEN は、面接官の言動を理由に求職者が選考を辞退することを避けるために、面接官の表情を AI で分析するサービス「ZIGAN」の開発を表明し、面接体験の改善に役立てていきたいといいます。今、「HR Tech」関連のサービスを提供する企業はどんどん増えています。単なる「人事の自動化」とも「機械的採点」とも異なる、新しい切り口で AI を活用したサービスがこれからも登場してきそうです。

HR Techとは

採用

新卒の面接・一括採用 　　　　　オンライン面接でAIが応募者を分析

育成・研修

研修メニュー A

研修メニュー B　　　　研修メニュー C

全員同じ内容の集団研修 　　　　AIが各自に研修メニューを提案

▲HR Techは、AIやクラウド、ビッグデータなどを用いて、採用、育成、研修、評価などの人事業務を効率化していくもの。

HR Techサービスの例

HARUTAKA　　　　　　　　　NAONA×Meeting

▲ZENKIGENの採用ツール「HARUTAKA」では、離れた場所でもAIを使ったオンライン面接が可能。村田製作所の「NAONA×Meeting」では、上司と部下の関係性を可視化でき、人材育成や組織力向上に期待が持てる。

054

ビジネスタスクを自動化する「RPA」

「RPA（Robotic Process Automation）」が、今やAIやIoTと並ぶほどビジネスIT界で注目されています。IT化された業務の中にも、ITツールに対して人間が細かく判断と指示をし続けなければ成り立たないようなものがよくあります。人間にとっては単純作業の部類ですが、通常のコンピュータープログラムで自動化しようとすると、開発が困難だったり割に合わなかったりするのです。**「RPA」とは、こうした「少し知的なルーチンワーク」を、AIを活用して自動化することです**。「RPA」をうまく導入できた場合のメリットは、なんといっても精度と速度です。人為ミスを減らし、人手不足を補い、人間1人あたりの生産性を向上させてくれます。

日本国内でも多くの企業が「RPA」のソリューションを開発・提供しており、利用企業も増えています。自社でRPA開発に取り組んでいる富士フイルムでは、2017年という比較的早い段階から経理などの業務の自動化を始め、年間20万時間もの労働時間の削減に成功しています。サッポロビールでは、各小売企業からPOSデータを収集するためのダウンロード作業を自動化し、労務コストを減らしつつ、データ収集の頻度アップを達成したといいます。

ルーチンワークをRPAロボットによる**「自動運転」**に任せることができれば、人間は、平時は新しいものを作り出すことに専念できます。「自動運転」が失敗した場合に備える危機管理体制は必要ですが、トータルで見て、社員のモチベーションや人材の定着率をアップさせることができるでしょう。

4

チャンスを逃すな！ AIビジネス活用の最前線

RPAとは

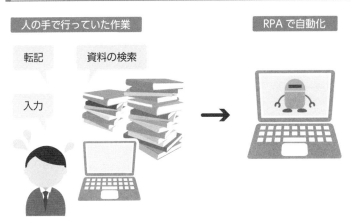

人の手で行っていた作業 / RPA で自動化

転記　資料の検索

入力

▲RPAは、人間が手作業で行っていたホワイトカラーの業務をすべて自動化してくれる。教育や人事評価など、データ入力が不可欠な業務に向いている。

RPA導入のメリット

- **品質・精度**…人為ミスの削減による業務品質と精度の向上
- **コスト**…人件費や作業時間のコストの削減
- **生産性**…時間のかかっていた業務の短縮による生産性の向上
- **自由**…パソコンにしばられない労働環境の実現
- **ストレス**…ルーチン作業などによるストレスからの解放
- **モチベーション**…業務効率化による社員のモチベーション向上

など

▲人間と比べてRPAは大量のデータを的確に判断できるため、業務の効率化が図れる。また、処理精度の向上により、ヒューマンエラーの抑止やコストの削減などにもつながる。

055
カスタマーサポートAIで
クレーマーを撃退する

オペレーター業務に進出したAI

カスタマーサポートにかかってきた電話は、各部署にたくさんいるオペレーターに取り継がれ、各現場のプロが案件ごとの事情を熟慮して顧客への返事を決めます。しかし、せっかく育てたカスタマーサポートのプロがストレスで離職してしまいやすいことに、企業の経営陣は常に頭を悩ませてきました。カスタマーサポートは、苦情を抱えた顧客や一般消費者と粘り強く対話し、しばしばクレーマーの攻撃を浴びます。非常に強いストレスを受ける職種なのです。

この問題を、AIが解決し始めています。人間の言葉を認識できるAIが、顧客から聞き取った内容をもとに質問内容を推測して、担当者を助けるのです。たとえば三井住友銀行では、コールセンターに音声認識システムを導入し、Watsonと組み合わせてサポートの回答候補をオペレーターに提示したり、回答に必要そうな情報をあらかじめ準備したりしています。これは、オペレーター側の時間的・精神的余裕を生み出すだけでなく、顧客側の待ち時間を短縮し、新たなクレームの発生を抑えることにもなります。また、サポートをチャットボットのみで対応する企業も増えてきています。

対応事例は日々蓄積されるので、AIは新たな事例を学習し続け、クレーマー対応を含め、よりスムーズで効果的なオペレーター業務ができるようになっていきます。**いずれ、その現場で働く人間の仕事は、AIのオペレーターたちを統括することだけになっていくでしょう。**カスタマーサポートは、人間の仕事がAIに代替されていくプロセスの、最先端のモデルケースなのです。

サポート AI の利点

▲人間と違い、AIはどんなクレームが来てもストレスを感じることなく、マニュアルに忠実に応対できる。

AI は人間のオペレーターから対応を学ぶ

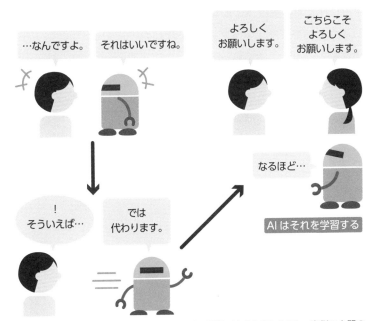

▲雑談ベースでのサポート中はAIが対応。業務に関係がある内容になると、裏側で人間のカスタマーサポートがそのあとを引き継ぐ。

4

チャンスを逃すな！ AI─ビジネス活用の最前線

056
デバイス側のAIが判断を行う「エッジAI」

自動運転など瞬時の判断が必要な現場で活用

今、IoT分野の市場を盛り上げている技術の1つは、「エッジAI」です。AIの学習には膨大な量の計算が必要なので、クラウド上に"本体"を置く「クラウドAI」として運用するのが基本です（Sec.06参照）。すると、実際に利用される現場（ネットワークの末端＝エッジ）から"本体"にいちいちお伺いを立てることになるので、そのたびに通信時間や費用がかかります。そこで、**クラウド上では学習だけを行うこととし、判断はエッジ側デバイスで完結させようというのが「エッジAI」なのです**。今では、学習から判断までのすべてをエッジ側で行うソリューションも出てきています。

「エッジAI」がとくに活躍するのは、リアルタイムな判断が必要な場面や、ネットワークが貧弱な環境です。自動運転車やドローンなどは、少しの判断の遅れが現場のトラブルにつながるため、「エッジAI」が適切なのです。

現在、「FAMGA」（Sec.46参照）を筆頭に多くの企業が「エッジAI」のためのプラットフォームを開発し、メーカー各社に提供したり、自社製品に搭載したりしています。また、半導体メーカーからは次々にNPU（Neural network Processing Unit）と呼ばれるAI専用部品が発売され、小型デバイス上でAIを運用しやすくなってきました。日本の経済産業省は、優れた技術やアイデア、人材を発掘することを目的とした「AIエッジコンテスト」を2018年から開催しています。このように、世界全体で「エッジAI」への期待が高まっており、開発競争が加速しているのです。

4

チャンスを逃すな！ AIビジネス活用の最前線

エッジAIとは

危険?

①判断対象を撮影

②撮影画像から対象を判断

③判断結果をもとに制御

▲エッジAIとは車、スマートフォン、検査機器などに直接搭載されたAIのこと。自動運転車の場合、目の前に現れたものを瞬時に危険物かどうかをリアルタイムで判断し、車を制御させることができる。

経済産業省が主催する「AIエッジコンテスト」

SIGNATE

AIチップ・次世代コンピューティング分野における
優れたアイデアと人材を発掘する

AI Edge Contest

第4回コンテスト開催中 ▶

第4回AIエッジコンテスト（実装コンテスト②...

優れた技術 アイデア

革新的なAIエッジコンピューティングの実現に向けて

▲経済産業省は、優れたアイディアや人材を発掘するための「AIエッジコンテスト」を2018年から毎年開催している。エッジAIの今後の展開に期待を持っていることが窺える。

057

畑の害獣を
AIで認識して退治する

AIが農業を変えていく

　ドローン（無人航空機）は、2010年代の空撮用小型機ブームをきっかけに注目を集めるようになりましたが、ドローン全体で見るとその多くが農業用途、とくに農薬散布のために使われています。農業におけるロボティクスは、実はかなり昔から始まっていたのです。

　近年では、AIによる画像認識技術が活用され始めています。**農作物の生育状況や害獣の影響がわかる空撮画像を大量に蓄積してビッグデータ化し、AIに学習させれば、農地全体を自動監視させることができます**。また、データマイニング（ビッグデータの分析）により、新しい栽培技術などの研究に役立てることもできます。

　ドローン関連以外でも、AIの活躍の場はあります。たとえば、害獣駆除のための「罠」です。通りかかる個体を闇雲に捕獲すると、対応する人間の負担が大きいうえ、警戒心が強くて学習能力の高い個体ばかりが残ってしまい、地域全体の害獣被害が減らない事態に陥ることがあります。自然環境事業を行う一成の「WebAIゲートかぞえもんAir」では、罠の設置直後はあえて捕獲しない「確認モード」で動作させ、罠に出入りした個体の数からAIによって群れの規模を推定します。利用者はこの推定値を踏まえ、捕獲したい個体数を指示します。すると罠のシステムは、罠に入った個体数が目標数に達する瞬間を待ち、ゲートを閉鎖します。AIを活用してタイミングを計ることで、害獣駆除の効率を高めることができるのです。

　なお、農林水産省ではこうした技術を、「**アグリ・インフォマティクス（農業情報科学）**」、略して「**AI**」としゃれて呼んでいます。

農業の救い手となるAI

ドローンによる農薬散布

生育状態の管理

害獣の撃退

▲AIがドローンを操縦し、農作物の育成を見守る。また、罠をAIによって制御することで害獣の数や行動パターンを把握し、効率的に害獣を減らすことができる。

058

社員の失敗や不正を
AIで監視する

監査AIが業務ストレスを軽減してくれる

　企業のさまざまな活動の履歴が、ビッグデータとして活用できるようになってきました（Sec.50 参照）。そのデータから学習した AI をうまく使えば、日々の企業活動が正常に行われているかどうかを監査することができます。メールの送受信内容、通話履歴、出退勤時刻など社員の行動を監視し、ミスや不正を発見するわけです。

　人間の内心を検知して不正を未然に防ぐシステムとなると、SF の世界の話です。しかし、ミスや不正につながりそうなアクションに対して警告したり、実際にミスや不正が発生した瞬間にストップをかけたりできれば、被害は最小限で食い止められます。たとえば、実用国産 AI のパイオニアで知られる「KIBIT」の FRONTEO は、2014 年の時点ですでに、セキュリティ対策ソフトと連携してメールの内容を監査するツール「Email Auditor」を提供しています。2020 年現在、機密情報の漏洩や誤送信を食い止めたり、ハラスメントや金銭トラブルを早期発見したり、社員の疲弊の兆候を検出して離職を防いだりするような機能を備えるようになっています。

　AI による自動監査をうまく使えば、社員たちの抱えるストレスを敏感に検出できる可能性があります。一方、個々人を監視して締め付けるような、不当な管理強化を招くおそれもあります。運用するのはあくまでも人間です。**監査 AI の運用に携わる人間が高いモラルとコンプライアンスを身に付けていれば、企業内の AI は、社員の業務負担量を減らすだけでなく、心の負担まで軽くしてくれる存在になるのです。**

業務を見守り監視するAI

疑わしい行動を発見

機密情報

内容を精査

問題発見時、上司へ報告

▲不正な内容が含まれているメールが発送された際に、AIはそれを検知。内容を精査し、管理者への連絡を行う。

Column

これからの企業には「CDO」が必要

　情報資産を有効活用することで業務を効率化したり、他社との競争優位性を高めたりしようと考える企業が増えています。また、AIを企業でうまく活用するには、AIの「知識」にあたるデータを上手に管理していくことが必要です。このような気運を背景に、CDO（Chief Data Officer）と呼ばれる職種が登場してきました。CDOとは「最高データ責任者」のことで、全社的な観点からデータ管理戦略の策定、データ品質やデータ処理プロセスに関する方針策定などを「組織横断」で推進する役割を負います。

　企業にはさまざまな場所にデータが蓄積されています。社内の膨大な保有データを一元的に管理し、その中から、ビジネス価値が引き出せるデータを横断的に見極めることがCDOには求められます。日本では、三菱UFJフィナンシャル・グループ、味の素、SOMPOホールディングスなどがCDOを設置しています。今後、AIをより効果的に活用するためにも、CDO職は企業にとって欠かせない役員ポジションになってくるでしょう。

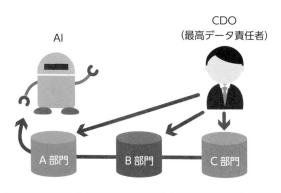

本当に大丈夫!?
AIがもたらす衝撃の未来

059

AI普及後の社会はどう変わる？

AIで社会が一変する

AIが普及することで、私たちの生活はどんどん便利になっていくでしょう。便利になるだけではありません。エンジン、電力、電気通信、コンピューター、インターネット、携帯電話によって社会が変革したように、**AIの出現によって社会そのものが変わりつつあります**。とくに、いずれ「強いAI」（Sec.42参照）が出現すれば、社会のあらゆる部分に大きな衝撃を与えると思われます。

さまざまな調査機関やシンクタンクが、一部の仕事はAIに取って代わられると予想しています。AIに仕事を奪われた人たちはどうなるのでしょう。過去の産業革命では、人々は新たに教育や訓練を受け、専門性や付加価値生産性の高い職業へ転職をしましたが、AIは専門家すら代替しうる存在なのです。

AI時代の社会にはベーシックインカム制度がふさわしい、という人もいます。AIが生み出した価値を国が集めて再配分することで、格差の拡大に歯止めをかけようというのです。また、明日を生きるための労働から人々が解放されれば、余った時間をボランティア、趣味、遠い将来への投資など、あえて生産性や確実性の低いことに使えるようになるはずです。歴史上、技術が進んで社会が豊かになるほど、就職年齢は遅くなってきました。学校教育や学歴の価値も変わっていくでしょう。人間の仕事が減れば減るほど、「何を生み出せる人材なのか」がいっそう重要になるからです。

このように、**社会にAIが進出することによって、社会や労働の問題だけでなく、人々の生き方が根底から変貌していくのです**。

AIによって変化していく先は、どっち?

AIと人間の理想的な共存関係

AIと人間が互いに争う未来も…

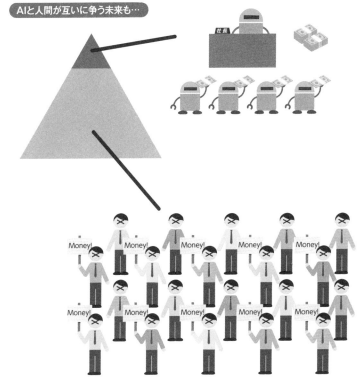

▲AIと人間が手を取り合う未来を予想する人もいる一方、AIと人間が居場所や財産を奪い合う未来を予想する人もいる。

5

本当に大丈夫!? AーがもたらすⅢ衝撃の未来

060

いち早くAIに置き換わる仕事とは?

「安定」な仕事もAIで「不安定」に

かつての産業革命では、単純かつ反復的な労働から順に人類から機械に置き換わっていきました。これからは、AIが人間を置き換えていきます。どんな仕事から置き換わるのでしょうか。

たとえば、**カスタマーサポートの電話オペレーターは、AIによって早期に代替されていく職業**です。会話データやクレームの履歴をもとに最適な対応を選ぶ、というタスクはAIに向いており、すでに導入している企業が多くあります。また、役所等の窓口(公務員)や教師は一般的に「安定」とされる職種ですが、就業時間の大部分を「**マニュアルに従って正確に案内や指導をすること**」に費す仕事なので、主力をAIに譲る未来には現実味があります。さらに、精密性を要求される仕事も、精密かつ安定した判断をしてくれるAIへのバトンタッチが進みそうです。**医療機関など、人為的ミスが重大な事態を招くような業種**では積極的にAIが導入されるでしょう。

コンピューターはルーチンワークが得意です。しかし、未知の概念、抽象的思考、経験からの判断、そして高度なコミュニケーションを要する仕事となると、たとえ人間にとってはルーチンワーク同然の業務でも、コンピューターにとっては不得意でした。だからこそ、専門的職業とみなされて生き残ってきたのです。今後、AIの活用によってそうした業務の自動化が進めば、人間は、AIの働きを監督・管理する仕事に就くか、利用者の手助けや不安解消のためにあえてヒューマンサービスを提供するか、さもなければ「よりAI化しづらい仕事」を探して転職するしかないでしょう。

なくなる仕事、残る仕事

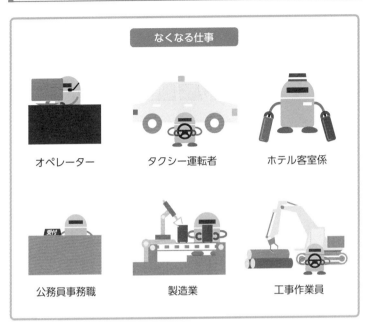

なくなる仕事

- オペレーター
- タクシー運転者
- ホテル客室係
- 公務員事務職
- 製造業
- 工事作業員

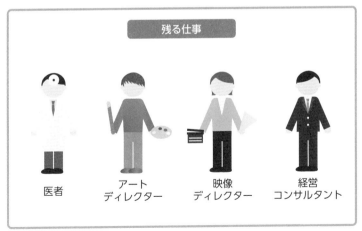

残る仕事

- 医者
- アートディレクター
- 映像ディレクター
- 経営コンサルタント

▲AIが代替可能な仕事はどんどんAIにとって代わっていく。人間とAIの共存が今後の課題となる。

061

AIに仕事を奪われたあと
社会はどうなる？

AIとベーシックインカム（最低所得保障）

　専門的判断や対人接遇をAIが肩代わりする時代になれば、多くのプロフェッショナルが仕事を失うことになると考えられます。産業や社会の構造がなだれを打って連鎖的に変化し、生活に困る人が幅広く発生する危惧すらあります。そのような危機に備え、セーフティーネットとして、**AIがもたらす経済価値をベーシックインカムとして再配分してはどうかという議論**がなされています。

　AI社会とベーシックインカムの組み合わせは、一見すると快適そうです。人間の代わりにAIが働くことで一定の収入がもたらされる前提になれば、人間は空いた時間を活用し、AIへの代替が進まない仕事に就いて追加収入を得ればよいわけです。有り余る余暇はボランティアやアート活動などに充てて、新しい価値を生み出すといったことも期待できます。

　しかし、そんなにうまくいくでしょうか？　世界各地でベーシックインカムやそれに類する制度の実験が始まっており、経済効果、人権、思想などさまざまな切り口での評価が出始めていますが、今のところ賛否は拮抗しています。生活や文化が充実するだろうと楽観する人々もいれば、怠惰な人が増えるだろうと悲観する人々もいるのです。なにしろ、「誰も働かなくても生活できて、しかも、持続可能な社会」というものを私たち人類は未経験です。さまざまな未来を想定できますが、確実な予測はありません。いずれにしても、AIの進歩によって、私たちの社会が変革していくことは不可避です。私たちはその変化に適応していくしかないのです。

AI社会にベーシックインカムが導入されたらどうなる?

ポジティブ予想

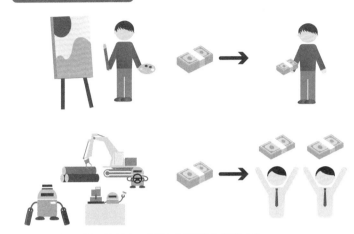

▲AIの生産活動が人間に還元され、人間の余暇活動の報酬となる。

ネガティブ予想

▲AIに仕事を奪われ、やることもなく人間が堕落していく。その先に待つのは……。

062
これから必要になるのは
AIの教育係

産学官民が総動員でAI人材の育成に取り組んでいる

　現在、世界中のあらゆる企業がAIの活用によるイノベーションを進めています。日本でもSociety 5.0（Sec.16参照）に対応するための取り組みが広がる一方、中小企業を中心に多くの企業が「AIやデータを活用できる人がいない」という壁に直面しています。今、**日本では「AI人材の育成」が求められている**のです。

　内閣府が発表した「AI戦略 2019」では、高校・大学教育などを通じて、2025年までに年間25万人のAI人材を育成するとあります。そして経済産業省は、即戦力の人材を育てる体制を早急に整えるため、企業のビジネス課題を解決できるAI人材を育成する「AI Quest」というプログラムを民間企業と協力して進めているところです。2020年度の10月から2月にかけて行われる「AI Quest」では、企業の実際の課題に基づくケーススタディを中心とした「実践的な学びの場」を目指しています。**企業の現場でないと学びにくいスキルや経験を獲得することや、志を同じくする人同士の横のつながりを構築する**ことなどに期待が持たれています。AIの社会実装に携わりたい学生や社会人が、続々と集まっているのです。

　経済産業省が企業の課題を解決できる社会人の育成事業に取り組む一方、文部科学省では学校教育での育成事業に取り組んでいます。しかし、今のところ、AIについて生徒に教えられる講師の数を十分に確保できていない状況だといいます。これらの課題を解消するため、官民を挙げてAIに関わる人材の育成を急いでいるところなのです。

第四次産業革命のもとで求められる人材

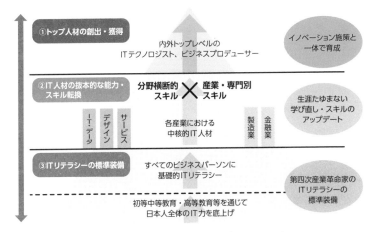

▲日本ではSociety 5.0に対応するためにも、AI人材が求められている。

出典：未来投資会議 構造改革徹底推進会合「AI人材育成について」

経産省のAI人材育成策「AI Quest」

▲経済産業省は、AI活用を通した企業の課題解決方法を身に付けるプログラム「AI Quest」をスタートさせた。

063
AIが人類を超える
「シンギュラリティ」はいつ訪れる?

AIは人類の最後の発明になるか?

　「シンギュラリティ」とはもともと、「特異点」のことを指す数学・物理用語です。近い将来AIは、より高性能なAIを自ら生み出すようになるでしょう。AIやIT技術の分野では、この出来事を「技術的特異点(Technological Singularity)」と呼んでいて、これは「**機械が脳を超える瞬間**」「**AIがヒトの知能を超える瞬間**」とほぼ同義です。シンギュラリティに至ったとき、AIの性能は爆発的に向上し、人類社会にある機械全体の能力が人間全体の能力を上回ると予想されます。技術だけでなく社会全体に劇的な変化がもたらされるでしょう。18ヶ月でコンピューターの性能が2倍になっていくというムーアの法則に従うならば、「そのとき」は2045年頃になるはずです。

　シンギュラリティの訪れは、人類が人類を超えた知性を手に入れる瞬間でもあります。人類には発想できないようなことがらもAIたちは考え出してくれるでしょう。発明はすべてAIが行うようになるため、人類による最後の発明はこのAIだともいわれます。一方で、人類の能力の限界も向上するかもしれません。シンギュラリティが訪れたあと、人類は大きな余暇を手に入れ、新しい価値を生み出し始めるはずです。また、人類が発明したコンピューターよりもっと優れた情報処理機械が現れ、そこに私たちの脳を移植できるとしたら、今の人類には想像もつかないようなコミュニケーションや自我を持つことが可能になるかもしれません。機械が脳を超えるということは、そのような可能性をも内包しているのです。

AIがヒトを超える瞬間＝シンギュラリティ

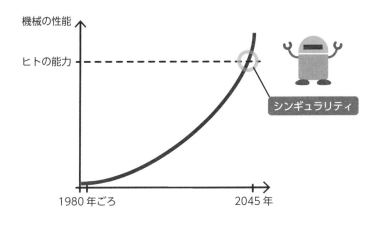

発明や芸術などでのクリエイティブでも人間を超える

すべての生産活動を AI が行う

↓

人間の想像を超えた未来になる

▲コンピューターの性能が向上し、機械学習が完全に自動化されると、いずれシンギュラリティが訪れる。そのとき、コンピューターは人間よりも賢い存在になる。

064

AIによって超監視社会が訪れる？

個人データが管理され、超監視社会に至る可能性も

　金融機関には日々、クレジットカードや決済アプリの個人利用履歴が蓄積されていきますが、キャッシュレス大国の韓国や中国では、それらの個人履歴を国が集約管理する体制が整っており、課税や犯罪捜査に活用されています。

　韓国では2015年の感染症（MERS）流行後、個人履歴を感染追跡に活用できる制度を整備しました。権力による個人監視システムだとして反発する人々も大勢いましたが、2020年の新型コロナウイルス感染症の流行時、韓国ではこのシステムが効果を上げたのです。**監視社会が国民を救ったともいえます。**

　日本では2020年6月から、最近接触した人の中に感染判明者が出たことを知らせるアプリ「COCOA」が提供されています。このようなアプリのため、AppleとGoogleが急遽連携し、各国の衛生当局専用として、端末同士の接触履歴を取得する機能を用意したのです。利用者は位置情報を提供しなくてよく、個人を特定する情報のやり取りも行われないので、悪用のリスクは低いといえます。

　私たちの文明が築いてきた技術やインフラは素晴らしいものです。**問題を乗り越える力を人類が必要としたとき、マンパワーを新技術で置き換えていく方向に私たちは進んできました。**しかし、このまま個人情報がAIに委ねられていくと、いずれ訪れるシンギュラリティ（Sec.63参照）のあと、人間がAIに管理・支配されることになってしまわないでしょうか。個人の自由を守るための制度や技術が、改めて必要になってきそうです。

超監視社会に至るシナリオ

第1段階

▲AIによってすべての仕事が奪われる。

第2段階

▲AIに人間のデータを管理される。

第3段階

▲シンギュラリティ後、人間のすべての生産活動がAIによって奪い去られ、人間はAIに管理されるだけの存在になる?

065

AIが反乱を起こす!?

人間はAIの暴走を阻止できるか?

　AIを活用した技術やその成果の中には、悪質な"成果"もあります。たとえば2017年頃には、「実在の女優が出演しているかのように見える偽物のポルノ動画」が拡散されました。ディープラーニングを応用して本物と見分けがつかないほど精巧な映像素材を作り出す技術が、すでに確立しつつあるのです。このような技術を悪用して人々を騙すために作られた偽の写真や動画は「**ディープフェイク**」と呼ばれ、世界中で問題視されています。

　また、先進諸国の空軍の攻撃主力は今や無人攻撃機です。2020年にイラクで発生した空港攻撃事件も、アメリカ軍の無人機による攻撃でした。戦場でのAIの活用状況はほとんど公表されませんが、人間による遠隔操縦だけでなく、AIを駆使した誘導や自律操縦の技術が磨かれつつあります（Sec.26参照）。現在、各国軍向けの無人機を米中が競って生産しており、これが政情不安定な国やテロ組織にまで拡散しています。民生用小型ドローンを簡易爆撃機として活用するテロ組織も珍しくなくなりました。このような兵器が自ら攻撃対象を選ぶ能力を備えたとき、人類はこれを制御できるのでしょうか。AI同士の交戦に人類が一方的に巻き込まれたり、AIが人間を攻撃して滅ぼしてしまったりする未来は訪れないでしょうか。

　2045年には「シンギュラリティ」に達する、つまり**AIの能力が人類を上回る**と予測されています（Sec.63参照）。SFでおなじみの「**AIが人間の生命や文明を脅かす危険性**」がすでに現実味を帯び、AIの学習を非常停止させる方法が真剣に研究されているのです。

AIに人間を攻撃させる

著名人のディープフェイク　　　　　　　AI制御兵器の開発

▲フェイクの画像や動画を生み出す「ディープフェイク」など、かんたんに止めることができない事件のニュースを耳にするようになった。

SFでよくあるAIの反乱パターン

人類を攻撃する

人類を支配下に置く

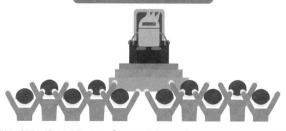

▲SF小説や映画などでよく見られる「AIの反乱」は、単なる物語ではなく、現実に起こり得る事態として研究対象になっている。

5

本当に大丈夫!? AIがもたらす衝撃の未来

066
人間とAIが共存するための原則とは

AIにも倫理が求められる

　AIが人間のコントロールを拒否し、勝手に行動しないようにするためには、ルールが必要だと考えられています。そのようなルールの中でももっとも有名なのが、SF作家アイザック・アシモフが1950年に発表した「ロボット三原則」です。この原則は、「**人間への安全性**」「**命令への服従**」「**自己防衛**」の3本の柱からなっており、もともとは小説の設定でした。しかしリアリティのあるこの原則はほかのSF作品のみならず、現実のロボット工学やAI開発にも大きな影響を与えています。

　それから半世紀を経た現在、倫理上の問題が本当に心配される時代になりました。何より恐ろしいのは、物理攻撃の能力を備えたAI機器が人間の生命・財産や人類文明そのものを破壊してしまう危険性です。また、実在の人物をモデルにして作られたAIが、モデルの権利や尊厳を傷付けてしまう事態が起き始めています。他界した俳優をAIで再現する企画などは素晴らしい試みですが、これは倫理的にかなりデリケートなことです。

　AIの悪用を防ぎ、人間社会と共存するためにも、**AIの開発・利用にはルールが必要**です。日本の人工知能学会は、2014年に倫理委員会を設置して議論を進め、2017年にAIの研究者や開発者が守るべき倫理指針を示しました。この指針では、最後の第9条で「人工知能が社会の構成員またはそれに準じるものとなるためには、上に定めた人工知能学会員と同等に倫理指針を遵守できなければならない。」と謳い、AIそのものが備えるべき倫理にも言及しています。

ロボット三原則（AIの守るべき倫理）

人間への安全性

命令への服従

自己防衛

人工知能学会倫理指針（AI研究者の守るべき倫理）

人類への貢献

社会に対する責任

社会との対話と自己研鑽

他者のプライバシーの尊重

人工知能への倫理的遵守の要請

公正性

他者の尊重

誠実な振る舞い

法規制の遵守

▲テロ組織や悪意を持った研究開発者にAIが悪用されると、社会に多大な影響がある。そのため、AIが人間社会と共存するには、適切な倫理観を持ったルールが必要になる。

5

本当に大丈夫!? AIがもたらす衝撃の未来

067

AIが普及すると需要が増える仕事

AIで生み出される新しい仕事

AIの登場によって仕事が奪われるという話題はよく目にします。しかし、**AIの普及によって新たに求められるようになる人材**もいます。

たとえば、ドイツのデュッセルドルフ空港の駐車場には、バレーパーキング（車寄せと駐車スロットの間の運転を係員が行うサービス）がロボットによって完全自動化されている一角があります。このシステムにより、料金の回収や運転をしていた係員は職を失ったことになりますが、一方、車両を運ぶ装置やコンピューターシステムの維持管理のために多くの雇用が生み出されています。

また、AIやロボットが私たちの生活に浸透していく中で、さまざまな不安や戸惑い、切り替えコストなどが発生してきます。こうした技術を新たに導入しようとする場合、自力で初めから使いこなせる人は決して多くありません。導入の手助けをしたり、AIと利用者の間に入って意思決定のサポートをしたりするコンサルタントやアドバイザーのような職種が活躍するでしょう。さらに、AIが世界の知識を自ら学習するようになった時代になれば、利用者の意図通りに学習が進むようAIを調整する「指導者」、いわばAIインストラクターも必要になりそうです。

19世紀のイギリスで起こった産業革命の際も、20世紀末から21世紀にかけてのIT革命の際も、テクノロジーの進化によって職業のあり方は変化してきました（Sec.45参照）。**AIやロボットも、産業を隅々まで変容させ、新たな職業を生み出していくでしょう。**

AIやロボットの普及にともない、新しく生み出される職業

AI コンサルタント

AI インストラクター

ロボット整備士

AI 研究者・開発者

▲AIやロボットを導入するために、アドバイスを行うコンサルタントやアドバイザー。AIを教育するインストラクター。メンテナンスを行う技術者やAI研究・開発者。このように新たな職業が生み出されていくだろう。

068
AIで独居老人や在宅介護を
サポートする

超高齢社会に求められるAI

　介護従事者の不足をいかに解消するかは、日本社会が世界に先駆けて直面している課題です。**日本は少子高齢化において世界に"先行"していて人手不足も深刻だからです**。そのため現在、介護現場ではロボットの導入が進んでいます。

　介護は物理的な力の要る仕事です。「介護支援型」と呼ばれるロボット機器の力を借りることで、負担を減らすことができます。とくに入浴や排泄などの介助は、物理的負担だけでなく精神的負担を伴うものです。業務の一部だけでも機械化・自動化できれば、介護する側にとっても介護される側にとっても、質の向上につながります。

　近年ではここに、AIの活用が試みられ始めています。「コミュニケーション型」と呼ばれる機器が、挨拶などに返事をしたり、呼びかけたりするのです。話しかけられるのを待つだけでなく、積極的に話しかけることもします。ロボットとの会話が要介護者のストレス解消や認知症予防の一助になるほか、パーソナルアシスタント（Sec.05参照）の機能を備えさせることで、自然な形で要介護者の健康状態をモニターできるとも期待されます。

　G7諸国は長年、高齢者率7％超えの「高齢化社会」の状態です。日本は1970年にその一角に名を連ねたあと"猛追"し、2007年には高齢者率21％の「超高齢社会」に突入、今や世界トップを独走しています。これから欧米諸国もじわじわと「超高齢社会」に入りますし、アジア諸国もこれから日本を"猛追"してきます。日本が「超高齢社会」をどう切り抜けるか、世界が注目しているのです。

5

本当に大丈夫!? AIがもたらす衝撃の未来

コミュニケーション型ロボットで認知症予防や緊急通報も

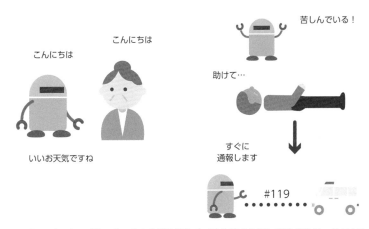

▲コミュニケーション型ロボットとの会話を通じて、要介護者の認知症の予防の一助になることが期待されている。また、苦しんでいるような状態を認識したら通報するなどのしくみも考えられている。

富士ソフトの介護支援ロボット「Palro（パルロ）」

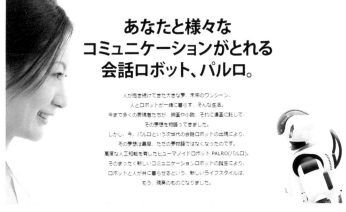

https://palro.jp/

▲ 「Palro（パルロ）」のようなロボットは、実際の介護現場でも導入されており、「https://palro.jp/feature」では、そんな「Palro（パルロ）」の特徴を知ることができる。

069
コミュニケーションAIが社会を豊かにする

「他人と直接つながっていない人々」をサポートするAI

　これまでの社会は、家族、地域、学校、職場などのコミュニティごとに人が集まることを前提にして、近くにいる人同士が助け合うのが基本でした。こうしたコミュニティに参加しない人は、病気や災害などの際に社会から見落とされ、最悪の場合、孤独死に至るおそれがあります。たとえば、超高齢化した過疎集落のお年寄り。都市で一人暮らしをする障害者。親戚から遠い土地で子育てに挑み、日々の育児負担と孤独に戦い続ける親。「引きこもり」に陥って家族や知人と接触できなくなった人。私たちの社会には、さまざまな事情で「他人と直接つながっていない人々」が暮らしています。

　近年、「自然言語処理」の高性能化が進み、人間と普通の言葉で会話できる「**コミュニケーションAI**」の実用化が始まりました。エルブズの「御用聞きAI」は、いくつかの町村で地域全体の実験として導入され、住民の生活をサポートするだけでなく、雑談の相手として活躍して孤独感の解消に役立っています。「ChiCaRo」は、遠隔地にいる大人たちが共同で乳児を見守るためのデバイスですが、近い将来、子供の性格をAIによって分析・把握して発達に役立てる機能を搭載予定です。SELFの「SELF AI」は、利用者のメンタルケアに役立つほどの「深い会話」に対応し、さまざまな外見と性格のAIキャラクターが若者などに向けて提供されています。

　自己責任であえて孤独を選ぶ人も含め、「つながっていない人」を必要に応じて「つなぐ」「助ける」しくみが社会に備わっているとしたら、その社会は自由と豊かさを両立しているといえそうです。

実用化されているコミュニケーションAI

御用聞きAI

SELF AI

▲エルブズが提供するAI対話システム「御用聞きAI」と、SELFが提供する「SELF AI」。どちらも人間と普通の言葉で会話できる「コミュニケーションAI」として提供されている。

AIの社会貢献

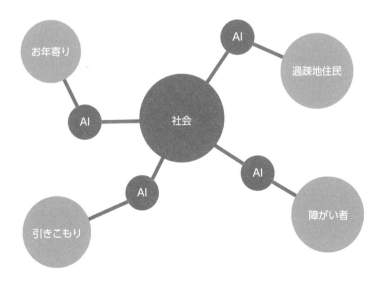

▲これまで社会参加が難しかった人々も、AIの力を借りることで社会参加が可能になるかもしれない。

AI関連企業リスト

ビッグデータ **テクノスデータサイエンス・エンジニアリング株式会社** URL https://www.tdse.jp	大規模な環境でAIを構築、メンテナンスするためのプロセスを自動化するAIプラットフォーム「DataRobot」を提供。ソーシャルメディア分析AI「Netbase」のアジア総代理店となっている。
ビッグデータ **株式会社FRONTEO** URL http://www.fronteo.com	UBICより社名変更。ネット掲示板やTwitterといったソーシャルネットワークの書き込みの中から、危険度の高いものを抽出するAI「KIBIT（キビット）」を開発。
ビッグデータ **データセクション株式会社** URL http://www.datasection.co.jp	ビッグデータの処理や解析に強みを持つ。AIによるデータ活用システムを開発するほか、AI画像解析技術を用いて問題を解決する。
ビッグデータ **株式会社ブレインパッド** URL http://www.brainpad.co.jp	AIのビジネス活用を支援するサービスを提供している。AIを利用する際の問題の洗い出しや活用イメージの検証などのノウハウを提供する。
ビッグデータ **メタデータ株式会社** URL http://www.metadata.co.jp	AIポジショニングマップや画像認識用の学習済みディープラーニングシステムなどを販売。Web受付嬢やAIを用いたマッチングシステムなども開発している。
ビッグデータ **株式会社ハーツユナイテッドグループ** URL http://www.heartsunitedgroup.co.jp	子会社の株式会社デジタルハーツなどが蓄積してきた100万件を超えるバグデータと、長年培った経験値をもとに、AIによる解析を組み合わせ、ソフトウェアのセキュリティホールやバグの発見サービスを目的に研究を行う。
人工知能開発 **DeepMind** URL https://deepmind.com	Google傘下の人工知能企業。囲碁AIの「AlphaGo」やコンピューターゲームの対戦AI「AlphaStar」などを開発した。
人工知能開発 **パナソニック株式会社** URL https://www.panasonic.com	世界トップクラスの電機メーカー。AIやIoTなどの先進技術を開発する「Panasonic Laboratory Tokyo」を2018年にリニューアルオープン。
人工知能開発 **日本電気株式会社** URL https://jpn.nec.com	住友グループの電機メーカー。自社の最先端AI技術群「NEC the WISE」でビジネスのさまざまな課題の解決を目指している。
人工知能開発 **株式会社東芝** URL https://www.toshiba.co.jp	日本の大手電機メーカー。ビジネス、暮らし、社会を変えることをモットーに、コミュニケーションAI「RECAIUS」や、アナリティクスAI「SATLYS」などのAIサービスを開発・提供している。

人工知能開発 **株式会社Nextremer** URL http://www.nextremer.com	チャットボットやリモート接客システム、AIエンジンなどの開発・提供を行う。マルチモーダル対話システム「minarai」は大手企業でも採用されている。
人工知能開発 **SOINN株式会社** URL http://soinn.com	東工大発ベンチャー。学習型の汎用AI「人工脳 SOINN」を研究・開発。「SOINN」を用いた事業展開を進めており、各企業にソリューションを提供している。
営業支援 **Salesforce.com** URL https://www.salesforce.com	アメリカのカルフォルニア州に本社を置く、クラウドアプリケーション及びクラウドプラットフォームの提供を行う企業。顧客管理・営業支援システム「Sales Cloud」を提供。
営業支援 **Zoho** URL https://www.zoho.com	Webベースのオンラインアプリケーションサービスを提供。顧客管理・営業支援システム「Zoho CRM」は、世界15万社の導入実績を誇る。
営業支援 **株式会社マツリカ** URL https://product-senses.mazrica.com	クラウド営業支援ツール「Senses」を運営。AIが案件のリスク分析や類似案件を直接アドバイスしてくれる。
ソフトウェア **IBM** URL https://www.ibm.com	世界170か国以上で事業を展開するコンピューター関連製品企業。医療現場で広く活用されている有名なAI「Watson」を開発。
ソフトウェア **Microsoft** URL https://www.microsoft.com	パソコン用OS「Windows」やオフィスソフト「Microsoft Office」を開発。ディープラーニングのためのライブラリ「Cognitive Toolkit」を公開。
ソフトウェア **NVIDIA** URL https://blogs.nvidia.co.jp	コンピューターのグラフィックス処理、演算処理の高速化などを目的とするGPUを開発・販売する半導体メーカー。2019年にPyTorch用ライブラリ「Kaolin」を公開した。
IoT制御 **株式会社オプティム** URL http://www.optim.co.jp	IoT端末の制御、データ解析、AI、クラウドサービスとの連携ができる「OPTiM Cloud IoT OS」を発表。農業分野、医療分野、建築分野など幅広い分野での活用が期待されている。
IoT制御 **JIG-SAW株式会社** URL https://www.jig-saw.com	IoTのデータコントロールにAIを利用。IoTのロボット型自動運用プラットフォームとして、IoTの全域をカバーする「puzzle」を提供している。

AI関連企業リスト

HR Tech **株式会社ZENKIGEN** URL https://zenkigen.co.jp	オンライン面接ツール「HARUTAKA」、面接官の表情をAIで分析するツール「ZIGAN」など、人事向けプラットフォームの企画、開発、運営を行う。
HR Tech **株式会社村田製作所** URL https://www.murata.com	電子部品メーカーのトップクラス企業。企業向けプラットフォーム「NAONA×Meeting」は社員の関係性を可視化でき、人材育成や組織力向上に期待が持てる。
創薬 **Exscientia** URL https://www.exscientia.ai	イギリスのオックスフォードに拠点を置くAI創薬ベンチャー。2020年に大日本住友製薬とAIの活用によって設計された新薬候補化合物の臨床試験を開始すると発表した。
創薬 **株式会社MOLCURE** URL http://molcure.com	バイオベンチャー。独自の高機能抗体医薬品開発プラットフォーム「Abtracer」を用いて、AIを用いた創薬開発を行っている。
OCR **AI inside株式会社** URL http://inside.ai	書類をスキャンしてAIが自動でデータ化するOCRサービス「DX Suite」を主力商品として展開している。
インフラ **さくらインターネット株式会社** URL https://www.sakura.ad.jp	サーバーなどのインターネットインフラ事業が主な事業。ディープラーニングなどに適した、AI向けインフラサービスを提供している。
ウェブメディア **スマートニュース株式会社** URL https://www.smartnews.com	キュレーション系メディア。ニュース記事の収集やカテゴリー分類といった業務に、自然言語処理技術を用いたAIを利用している。
オペレーター **株式会社アドバンスト・メディア** URL https://www.advanced-media.co.jp	AI音声認識「AmiVoice」を提供。医療、コールセンター、物流、不動産など、幅広い分野で活用されている。日本マーケティングリサーチ機構の調査で3冠を獲得。
画像認識 **株式会社モルフォ** URL http://www.morphoinc.com	ADAS（先進運転支援システム）や自動運転など、運輸系インフラに関わる画像処理技術を開発。世界的IT企業のNVIDIAからディープラーニング相談室のパートナー企業として選出されている。
言語処理 **株式会社Studio Ousia** URL http://www.ousia.jp	株式会社エヌアイデイから出資を受け、AIを用いた言語解析などを研究。質疑応答システムの「QA ENGINE」やテキストデータの自動仕分けツール「SMART ANNOTATOR」などを展開している。

広告 **SMN株式会社** URL http://www.so-netmedia.jp	ソニーネットワークコミュニケーションズ（So-net）傘下。自社開発したAI「VALIS-Engine」を活用し、ユーザーの閲覧履歴などから最適化した広告を配信するサービスを提供している。
ITアウトソーシング **トランスコスモス株式会社** URL http://www.trans-cosmos.co.jp	AI・BIと連携するしくみを活用して、ターゲット層に絞った広告・メッセージ配信の最適化など、AI・データに基づく統合コミュニケーションの運用サービスを提供。
データ解析 **株式会社WACUL** URL https://wacul.co.jp	アクセス解析ツールと連携して、データをAIが分析する、Webサイトの課題発見から改善提案までの自動ツール「AIアナリスト」を提供している。
ゲーム **HEROZ株式会社** URL https://heroz.co.jp	「将棋ウォーズ」「CHESS HEROZ」「BackgammonAce」といったゲームAIを開発。その蓄積から得た技術を核として、FinTech（フィンテック）分野への応用に取り組んでいる。
ファッション **SENSY株式会社** URL https://sensy.ai	ファッション人工知能アプリ「SENSY」を開発。その後は「SENSY」を活用したマーケティング、MD計画を最適化するサービスを提供している。
物体認識 **LeapMind株式会社** URL http://leapmind.io	ディープラーニング技術を誰でも手軽に利用できる形に小型化。IoTやロボットへの技術適用を可能にしている。
不動産 **イタンジ株式会社** URL http://itandi.co.jp	テクノロジーで不動産取引をなめらかにすることを目指し、不動産業者間サイト、不動産仲介業務の営業支援システムなどを開発・提供している。
翻訳 **株式会社ロゼッタ** URL https://www.rozetta.jp	AIとインターネットを融合させた、医薬・化学・機械・IT・法務・金融など2,000分野の専門文書を高精度に自動翻訳する翻訳サービス「T-400」を提供している。
ロボット **ユニロボット株式会社** URL https://www.unirobot.com	ソーシャルロボット「unibo（ユニボ）」を開発。顔認証システムで個人を認識し、生活支援を行う。「GOOD COMMUNICATION ROBOT AWARD」にて1位を獲得。
害獣捕獲 **株式会社一成** URL http://www.issei-eco.com	ICT技術やセンサーなどによる捕獲支援システムを開発。提供サービス「WebAIゲート かぞえもん Air」は、人工知能を用いて群れで行動する害獣を一度に多頭捕獲する。

Index

数字・記号・アルファベット

2045年問題 ……………… 140, 144
AGI …………………………… 94
AIの定義 …………………… 12
AIの反乱 …………………… 144
ALPHA ……………………… 60
AlphaGo（アルファ碁）… 12, 36, 72
AlphaStar …………………… 36
Amazon …………………… 44, 104
Apple ……………… 44, 104, 142
Artificial Intelligence ………… 8
BERT ……………………… 52, 82
CDO（Chief Data Officer）…… 130
COCOA …………………… 142
Deep Blue ………………… 74, 94
Eugene（ユージーン）……… 68
Facebook ………………… 104
FAMGA …………… 104, 106, 124
FinTech（フィンテック）……… 56
Google ……… 36, 38, 44, 104, 142
Googleアシスタント …… 16, 44, 46
Google検索 ……………… 42, 52
Googleフォト ……………… 54
Google翻訳 ……………… 46
GPT-3 ……………………… 50, 82
HFT ………………………… 56
HR Tech …………………… 118
IBM ……………… 34,38,58,74,94
IoT …38, 48, 102, 106, 114, 120, 124

Kaolin ……………………… 100
KIBIT（キビット）………… 38, 128
LINE ………………… 16, 44, 46
LISP ………………………… 70
Logic Theorist ……………… 70
Microsoft …… 16, 38, 82, 104, 110
Microsoft Cognitive Toolkit … 110
MTDNN ……………………… 82
OpenAI …………………… 50, 82
PaddlePaddle（パドルパドル）… 110
Palro（パルロ）……………… 151
Pepper …………………… 12, 42
RPA ………………………… 120
Siri（シリ）……… 12, 16, 28, 44, 46
Society 5.0 ……………… 38, 138
TensorFlow（テンソルフロー）……… 110
Watson … 34, 58, 80, 94, 118, 122
XR（VR、AR、SR、MR）……… 64

あ 行

アグリ・インフォマティクス（農業情報科学）… 126
遺伝的アルゴリズム ……………… 60,78
エキスパートシステム ……………… 80
エッジAI …………………… 124
オープンソース………… 100, 110, 114

か 行

介護支援ロボット …………………… 151
カスタマーサポートAI ……………… 122

画像認識 ………… 54, 88, 114, 126

機械学習…18, 52, 74, 76, 86, 90, 92, 114

強化学習 ………………… 72, 86

教師あり学習 …………………… 86

教師なし学習 ………… 54, 86, 90

クラウドコンピューティング … 18, 74, 92

ゲームAI ……………… 14, 26, 36

構成論的アプローチ………………20

コミュニケーションAI ………… 152

さ　行

再帰性ニューラルネットワーク ………88

自然言語処理… 16, 34, 44, 52, 82, 84

進化シミュレーション ………………30

シンギュラリティ … 84, 140, 142, 144

人工知能学会 ………………… 146

人工汎用知能 …………………… 94

人事評価 ………………………… 118

シンボルグラウンディング問題………98

スマート家電 …………… 42, 52

スマートスピーカー ……… 16, 44, 48

セル・オートマトン …………………30

た　行

ダートマス会議 ……………… 18, 70

第五世代コンピュータープロジェクト…38

第四次産業革命 ………………… 102

畳み込みニューラルネットワーク ……88

チャットボット ……16, 46, 66, 82, 122

チューリングテスト ………………… 68

超監視社会 ………………… 142

超高速取引 …………………… 56

著作権 …………………… 50

強いAI …………………… 94, 132

ディープフェイク ………………… 144

ディープラーニング … 18, 20, 46, 88, 90, 92

デジタルトランスフォーメーション… 106

な・は　行

ニューラルネットワーク … 20, 36, 76, 88, 90, 92

ニューロン ………………… 20, 76

パーセプトロン ……………… 76, 88

パーソナルアシスタント … 16, 22, 28, 42, 44, 48, 150

ビッグデータ……… 84, 92, 102, 112

評価関数 ………………… 74, 76, 86

不気味の谷 …………………… 28

フレーム問題 …………………… 96

分析論的アプローチ…………………20

ベーシックインカム（最低所得保障）… 132, 136

ボットAI …………………… 46

ま・や・ら　行

モンテカルロ法 ………………… 72

弱いAI …………………… 94

ラズベリーパイ ………………… 114

量子コンピューター ………………… 40

りんな ………………… 16

ロボット三原則 ………………… 146

■ 問い合わせについて

本書の内容に関するご質問は、下記の宛先まで FAX または書面にてお送りください。
なお電話によるご質問、および本書に記載されている内容以外の事柄に関するご質
問にはお答えできかねます。あらかじめご了承ください。

〒 162-0846
東京都新宿区市谷左内町 21-13
株式会社技術評論社　書籍編集部
「60 分でわかる！　AI ビジネス最前線 [改訂 2 版]」質問係
FAX：03-3513-6167

※ご質問の際に記載いただいた個人情報は、ご質問の返答以外の目的には使用いたしません。
　また、ご質問の返答後は速やかに破棄させていただきます。

60分でわかる！　AI ビジネス最前線 [改訂 2 版]

2016 年 11 月 15 日　初版　第 1 刷発行
2020 年 10 月 27 日　第 2 版　第 1 刷発行

著者	………………………	AI ビジネス研究会
執筆協力	………………………	福林　一平
発行者	………………………	片岡　巌
発行所	………………………	株式会社　技術評論社
		東京都新宿区市谷左内町 21-13
電話	………………………	03-3513-6150　販売促進部
		03-3513-6160　書籍編集部
編集	………………………	リンクアップ
担当	………………………	青木　宏治
装丁	………………………	菊池　祐（株式会社ライラック）
本文デザイン・DTP	………………………	リンクアップ
製本／印刷	………………………	大日本印刷株式会社

定価はカバーに表示してあります。

本書の一部または全部を著作権法の定める範囲を超え、
無断で複写、複製、転載、テープ化、ファイルに落とすことを禁じます。

©2020　技術評論社

造本には細心の注意を払っておりますが、万一、乱丁（ページの乱れ）や落丁（ページの抜け）がご
ざいましたら、小社販売促進部までお送りください。送料小社負担にてお取り替えいたします。

ISBN978-4-297-11651-4 C2036

Printed in Japan